JLA 図書館実践シリーズ 10

図書館長の仕事

「本のある広場」をつくった
図書館長の実践記

ちばおさむ 著

日本図書館協会

Works and Experiences of the Librarian

図書館長の仕事 : 「本のある広場」をつくった図書館長の実践記 ／ ちばおさむ著. － 東京 : 日本図書館協会, 2008. － 172p ; 19cm. － (JLA 図書館実践シリーズ ; 10). － ISBN978-4-8204-0808-6

t1. トショカンチョウ ノ シゴト a1. チバ, オサム
s1. 図書館経営 ① 013

まえがき

　図書館の運営形態は現在ではさまざまな試みがなされ，図書館サービスも，時代の変化と個々の地域の事情に即して多様に展開されています。こうした中で，図書館長がどのように図書館の役割を考え，運営していったらよいのか，個々の館長の判断が重要になってきています。

　そこで，館長としての知識というよりは，一館長の仕事の実践を具体的に挙げて，アドバイスができないかと，本書を企画しました。全国には優れた実践をした館長が数多くいますが，ここでは，実践を評価するものではなく，一例としてどのように図書館を運営してきたのかを具体的に示したつもりです。

　著者の千葉治さんは，東京・墨田区立八広図書館長を長年務め，1996年には，故郷でもある佐賀市立図書館長に迎えられました。住民の要望を基本に図書館の役割を柔軟にとらえ，「本のある広場」としての図書館運営を実践されました。東京・墨田区の八広図書館では「図書館は何でもできる」と集会施設を図書館サービスに取り込んで利用を容易にし，将棋やダンスもできる図書館をつくりました。その集会施設を活かした図書館は，是非にと請われて館長に就任した佐賀市立図書館でも引き継がれ，市民に歓迎されました。「真理と愛情」をモットーとする千葉さんですが，そのことは，図書館の持つ理念と住民の要求を結び，図書館資料も職員の能力も図書館設備もフルに発揮させて図書館のサービスを実現するというものです。

　各地の図書館づくりの市民との交流，全国の図書館を巡って撮影

したビデオ・コレクションなど，千葉さんの幅広い知見が活かされ，巻末に資料として加えた館長引継書なども読者の参考となり，図書館長の仕事が理解されることを切に願います。

2008 年 6 月

日本図書館協会　出版委員会委員

松島　茂

▲「八広図書館が開館します」－ビラを配るちば氏
（Photo©漆原宏）

目次

まえがき iii

I部　図書館長の仕事……1

●1章● 図書館の役割と館長……2
- 1.1 地域を知ること，地域の人を知ること　2
- 1.2 図書館の住民に対する使命　4
- 1.3 図書館の役割を知ること　6
- 1.4 館長の日常の仕事　8

●2章● 図書館を運営する……14
- 2.1 図書館長の役割とは　14
- 2.2 図書館評価の基準　15
- 2.3 図書館建設計画の立て方　17
- 2.4 運営方針・収集方針をつくる　19
- 2.5 予算編成　23

●3章● 職員集団と館長……27
- 3.1 館長の責任　27
- 3.2 職員集団としてのコミュニケーションづくり　29
- 3.3 図書館サービスと職員態勢づくり　31
- 3.4 必要な人員を確保するために　33
- 3.5 専門と専門職　35
- 3.6 職員の研修　37

もくじ……v

目次

●4章● 市民と首長への働きかけ……………………40

- 4.1 市民の声を反映する　40
- 4.2 首長と議会と図書館長　42
- 4.3 職員確保の実現まで　43

●5章● 「本のある広場」の実践……………………46

- 5.1 文化・集会活動の拠点としての図書館　46
- 5.2 「本のある広場」への胎動　51
- 5.3 八広図書館長としての実践　59
- 5.4 佐賀市立図書館長を引き受ける　62
- 5.5 佐賀市立図書館開館にあたって　65
- 5.6 全国の図書館をめぐって　75

Ⅱ部　図書館長 Q&A ……………… 79

- Q1　館長は図書館をどのようにPRするのですか?　80
- Q2　図書館報は館長にとってどのようなものですか?　85
- Q3　図書館見学の受入れと，他の図書館の視察法はどうしたらよいでしょうか?　92
- Q4　社会で現下に起きている問題と図書館はどのようにつながっていますか?　97
- Q5　図書館と学校や博物館などと連携してサービスをすすめるには，どうすればよいのでしょう?　100

contents

- Q6 図書館の選書について館長はどこまで責任がありますか？ 102
- Q7 利用者の苦情や迷惑な利用者にはどのように対処すべきですか？ 107
- Q8 危機管理について館長の行うべきことは何ですか？ 111
- Q9 規則と制限についてどのように考えますか？ 114
- Q10 図書館行事へ市民はどのように参加していますか？ 118
- Q11 ボランティアと図書館の関係はどのようなものが望ましいと考えますか？ 125
- Q12 指定管理者制度について，どのように考えますか？ 130

Ⅲ部 資料編
館長引継書から－実践のために ……………133

はじめに 134

1　佐賀市立図書館条例・規則の運用について　136
2　図書館懇話会設置要綱　138
3　佐賀市立図書館早期建設についての陳情書　139
4　図書館の沿革（要覧より）　140
5　図書館のコンセプトと運営方針（要覧より）　144
6　佐賀市立図書館集会施設運営要領　145
7　佐賀市立図書館集会施設利用案内　147
8　姉妹図書館盟約書　148
9　佐賀市立図書館資料検討委員会運営要領　149
10　佐賀市立図書館資料除籍・保存基準　151

目次

11　全国市町村の行政資料収集　　153
12　ボランティアの受入書　　154
13　図書館友の会会則と利用者懇談会記録　　155
14　利用者応対基準　　160
15　館長日誌　　161
16　図書館照合表Ⅲ　　165

著者あとがき　167

索引　169

第 I 部

図書館長の仕事

1章 図書館の役割と館長

1.1 地域を知ること，地域の人を知ること

　図書館長として，その地域のこと，住んでいる人のことなどを知ることは大切です。M市で社会教育に20年携わって，自分は地域の人を知っていると思っていたYさんが，図書館長に就任して，館長室から館内を見ると，いかに知らない人が多いかに気づかされたといっていました。

　私が東京・墨田区立八広図書館を始めるころ，図書館案内を持って汗を拭きふき地域をまわったことがありました。次に勤務した佐賀市では，街を知るためにも昼食は1軒ずつ食べ歩きしました。徒歩から自転車になり，しまいには自動車でという具合に行動範囲を広げ，図書館パンフレット持参であちこちに出かけていって，「通館路」（通学路の図書館版）づくりをしたり，お店の人と話したり，図書館のことを知らせたりしました。「自転車によるまちづくり」を佐賀新聞の論壇に掲載したこともありました。

　行政職のベテランが館長になった場合でも，当該地域の事情や，行政内部の仕組みを知っているということで，今までの経験は図書館を運営していく上でも必要なものです。図書館長が元福祉関係の仕事をしていた関係で，障害者サービス

を始めるにあたって，訪問すべき対象者を知り得たということもありました。私が佐賀市立図書館に勤務していた時代でいうと，係長が地域の人たちや行政内部に明るいことが，多彩な行事を図書館で行うのに役立ち，また図書館から情報公開の担当に移った係長により，各部署発行の行政資料が図書館に集まる仕組みがつくれました。

　佐賀市に子どもの本屋「ピピン」があります。20数年続いた子どもの本専門店が廃業するにあたり，そこで育った有志が集まり，「子どもを取り巻く読書（文化）環境を整える」「子育ての応援をする」をミッションに，NPO法人として開業しました。はじめは公民館で店を開いていましたが，公民館が取り壊されることになり，市の中心街の空き店舗に移りました。空洞化が進む商店街の活性化にひと役買ってもらおうと，市街づくり推進課の職員らも移転に協力しました。絵本作家を招いてのイベントや勉強会，人形劇フェスティバルを開くなど，活動の幅を広げています。「ピピン」の人たちは，図書館友の会にも参加しています。図書館で多くの絵本や子どもの本にふれあい，同時にそうした本が好きな人たちとふれあうことにより，豊かなアイディアを得ることができるのです。これは，まちづくり，人づくりの好例といえるでしょう。

　図書館には多様な情報が集まるので，多様な要求に対応できる可能性があります。図書館の先進国には，一冊の本が人生を変えたとか，図書館で学んだことにより成功したという事例が多くあります。

　また，ある子ども文庫を図書館員と訪問したときのことです。図書館からまとめて資料を借りて紛失し，世話人が自分

で弁償しているという話に及んだとき，「そんなにしなくても」と図書館員が絶句したことがあります。図書館のなかでは見えないものが，利用者のところで見えることがあります。文庫訪問は図書館を発見するのによい機会となるでしょう。文庫を援助するだけでなく，文庫の心に学ぶことから図書館の発見ができるかもしれません。

　図書館から利用者を見ていると，本を読むことが大好きな，あるいは何かテーマを持って研究・学習している個々の人の顔が次第に見えてきます。そうした人を知ることは，資料の選定に大いに役立ちます。また，そうした人々を励ますことで，人々が図書館に新たな資料を教えてくれ，寄贈してくれることもあります。こうして図書館はずっと市民に近づいていけるのです。

　図書館は，市民の個性の集合体ともいえます。個々の人々による広場です。人々が持っている個々の課題を知り，資料を通して適切に応対していくのが図書館の大きな役割の一つです。それゆえ図書館は「本のある広場」といいたいのです。

1.2　図書館の住民に対する使命

　公共図書館の使命について，図書館法では「土地の事情及び一般公衆の希望に沿い」図書館奉仕を行うこととされ，「ユネスコ公共図書館宣言1994」では「すべての人が平等に利用できるという原則」で，「地域社会のすべての人々がサービスを実際に利用できなければならない」とし，12項目をあげています。「すべての人が平等に利用できる」を実現するには，物理的にも心理的にも「身近に」あることが大切で，

私は,「だれにも,身近に」ということを念頭に,「図書館組織網」と「土地の事情」を押さえたいと思います。

図書館組織網について,ルイス・マンフォードは著書『歴史の都市明日の都市』(生田勉訳,新潮社,1969)で,資源は分散してあったほうがよいと述べ,イギリスの図書館の貸出組織を例にあげながら,格子方式を提唱しています。資源が集中してあるより,分散して格子状の組織網としてあったほうが,能率,融通,安全性からいってよいと述べ,「最大の便宜がえられるのは,なにもそこに電力なり図書なりがたくさんつみあげられているからではなく,それらがはっきり分節化され,ひとつの組織にまとめられているからである。したがって個々の利用者は,全組織に有機的なつながりのある各地の支局や分館を利用すれば,必要に応じてあちこちの資源なり,資料なりに連絡がつけられるわけである」としています。

さらに,マンフォードは,この図書館組織網には大小いろいろな図書館が参加できて,「小さな図書館も全体の中の有効な一部であって,もっと大きな機構に併呑されてしまうことなく,要求をし,希望を伝え,取り決めに影響をおよぼすことができる。……それ固有の自律性が各地域に取り戻されることになる」と述べていて,自治体の大小を問わず,それぞれの自治体の頭脳(記憶装置)としての図書館を考え,上下の関係ではなく,横の関係でとらえるのです。

図書館法には「他の図書館,国立国会図書館,地方公共団体の議会に附置する図書室及学校に附属する図書館又は図書室と緊密に連絡し,協力し,図書館資料の相互貸借を行うこと」とあります。それぞれの地域においても,図書館資料

1章　図書館の役割と館長………5

を共用できるようにし,公共図書館が「地域の情報センター」として応えていけるように努めていくのです。

「土地の事情」は土地を知ることに始まります。その地域に応じて,「まちづくり」の核としての図書館を構想し,「だれでも」を追究していくということになります。施設の調え方,資料の整備,運営の方法など,土地の事情によって柔軟に考えていくことが大切です。

図書館は百科事典であり,その再生装置(資料のもたらす知識を実行できるしかけ)を持つことも自然なことです。だから,図書館そのものが総合施設になりうることを認識しておくことが大切です。そのために図書館奉仕計画を立て,その実現をはかるようにします。分館,自動車図書館の整備とともに,図書館利用に障害のある人への奉仕の実施をあわせ考えていきます。図書館は,「だれにも」「なんでも」開く宇宙への扉を持つ地域の頭脳です。

1.3 図書館の役割を知ること

図書館を知るための資料として,図書館法,図書館の自由に関する宣言,図書館員の倫理綱領,ユネスコ公共図書館宣言,ユネスコ学習権宣言といった法や宣言も大切ですが,私はカール・セーガンの『コスモス』(木村繁訳,朝日新聞社,1980)や,図書館組織網を理解するのに,前述のマンフォード『歴史の都市明日の都市』などをあげたいと思います。

絵本にも,図書館のことが発見できるものがあります。たとえば,『街は自由だ』(「LA CALLE ES LIBLE」)は,図書館で本を読んだりゲームをしたりしていた子どもたちが,街から

遊び場がなくなっていることに気づき，図書館で学習や会合をして大人たちに相談し，遊び場をつくるという物語で，図書館がいかに街の暮らしの向上に役立つかがわかる本です。

図書館法は第2条で「図書，記録その他必要な資料を収集し，整理し，保存して，一般公衆の利用に供し，その教養，調査研究，レクリエーション等に資することを目的とする施設……」と図書館を定義し，第3条（図書館奉仕）で「図書館は，図書館奉仕のため，土地の事情及び一般公衆の希望に沿い，更に学校教育を援助し……」実施に努めるべき事項を9項目あげています。

図書館法制定当時の文部省社会教育局長である西崎恵氏の解説『図書館法』（羽田書店，1950，復刻：日本図書館協会，1970）によると，図書館も含めた社会教育（いまでいう生涯教育や生涯学習）は，自己教育が主体であり，国や自治体はその条件整備をしなければいけないということになっています。地域の教育・文化活動の主体である住民に，西崎氏の表現によると「本や部屋を貸す」ということで，私は，「図書館は資料・情報利用機能と集会機能を持ち，人々の学習権を保障する機関」といいたいし，そのための条件整備をしていくことが大切だと考えています。資料・情報があることによって，それを利用し，個を越えて多くの人と交流し検討できるところ，つまり図書館は資料・情報と集会機能が結びついて，全体として自主的でかつ民主主義の基礎となる学習を可能とするのです。人々の学習権を保障する機関としての条件整備のために，集会機能には大切な役割があるのです。

人類にとっての図書館について，カール・セーガンの図書館観をあげておきます。彼は，生物すべてに遺伝子情報が蓄

積された遺伝子の図書館があり，動物にはそれに脳の図書館が加わるが，人間は，遺伝子や脳の情報だけでは生きられなくなって，今から1万年ぐらい前に体の外に記憶装置を発明し，その「記憶の倉庫」が図書館だと述べています。

人間の社会は分業と協業によって成り立ってきたし，公共サービス（社会的サービス）も時代の要請に応じて拡充し専門分化してきていて，図書館もその一つです。「ユネスコ公共図書館宣言」によれば，公共図書館は教育・文化・情報のための民主的機関であり，公費で維持されるべきで，そのサービスに対しては原則無料としています。

わが国の公立図書館は、教育委員会の所管する機関であり，学校，公民館，博物館とともに，専門的な教育機関として位置づけられています。公立図書館は資料を蓄積し，伝達し，全住民の学習権を保障する機能を有し，そのはたらきのゆえに無料公開を原則としています。「ユネスコ学習権宣言」には，学習権は人類の生存に不可欠な道具であり，万人に共通に適用される基本的人権であると述べられています。

1.4 館長の日常の仕事

日常の図書館業務は，奉仕，資料，庶務に大別できます。図書館長は事業を総括する立場ですから，それぞれの業務全般について理解し，把握できなければなりませんが，携わり方としては重点的にならざるを得ません。

図書館の規模，組織機構によって違いますが，館長は分館や自動車図書館を含め，施設を巡回したり，窓口に出たり，選書したり，書類の決裁をしたり，対外活動にあたります。

(1) 図書館全体を見る

　巡回は，図書館の事情，規模や役割分担等によっても違ってきますが，利用者・住民の視点から行います。投書箱を見たり，展示・掲示が適切に行われているか，通路は通りやすいか，照明，匂いなどにも気を配ります。背の高い人にとっては書架見出しの出っ張りが危険ですし，子どもが手すりによじ上ることが考えられますので，安全への目配りが必要です。また，資料の配置図が子ども，おとなに応じてわかりやすいかどうかもチェックが大切です。

　もし新任の図書館長なら，その図書館の第一印象は大切にしたいところです。図書館が冷たく暗い印象で，それに汚れていたり雑然としていたり，いろいろ規制する貼り紙がやたら多いとしたら，これから館長のするべき仕事はたくさんあるということです。O町の図書館では極力貼り紙をしないようにしていますが，それは利用者が図書館利用に慣れていることの証ではないかと思われます。

　私は40年間図書館員でしたが，自分の働いている図書館を十分利用できたので，地域の図書館は使っていませんでした。図書館員を辞めてから半年間は不登館（図書館に行けぬ）状態でした。さて，やむを得ず地域の図書館を使い始めると，わからないことや不便さ等が見えてきました。そこでいろいろ図書館に注文するようになりました。この利用者感覚は，とても大切だと思います。新しく図書館員になった人はわからないなりにそれをぶつけ，古くからの図書館員もそれをきちんと受けとめていただきたいと思います。どうしたらみんなの図書館になれるかの出発点になるかもしれません。

(2) 選書

　選書は，購入する資料の発注や寄贈受入れに先立って，図書館長の責任の下に行われます。といっても，実際は選定会などを開くという形で職員が行います。館長は街の人々との交流の機会も多いことから，利用者・住民の声を反映できるように，職員の選書を補うよう努めます。資料の収集計画，他の組織との資料の収集分担，資料の収集方針や選択基準を想起しながら，選書の公正さ，網羅性を心がけるのです。

　たとえば，地域の市民グループが市民活動のポスター掲示や，機関誌を置きたいと図書館に求めてきた場合，単に一グループのみに特別扱いはできないと考えるのではなく，チャンスがあれば一つからでもはじめて，徐々に広げていこうと積極的に考えるほうが図書館を豊かにします。

　図書館資料の収集から保存・除籍にいたる一連の過程に機械化や業務委託が導入されるなかで，MARC（機械可読目録）データにないとか通常のルートにのらないなどの理由で，寄贈資料や郷土資料を敬遠する動きもあります。しかし，図書館資料は，地域の事情・住民の希望に沿って構成するようにしたいものです。郷土資料（地域資料）は地域図書館の核になる資料で，住民からの寄贈や寄託に負うところが大きいものです。図書館から住民に呼びかけると同時に，それらの資料を受け入れる態勢づくりが大切です。そのためには，住民に信頼される職場集団づくりがないと機能しないでしょう。

　2007年4月に『検証・憲法第九条の誕生』の著者，岩田行雄氏は，同書第4版を全国の都道府県立図書館52館と東京23区および多摩地区の市立図書館26館へ寄贈したのですが，礼状の内容は，「県民等の利用に供します」，「利用は一

任してください（取り扱い）」,「資料再利用に回すことも含めて一任してください」の3通りだったそうです。3番目の礼状にいたっては，図書館員の見識を疑ってしまいます。岩田さんが憤られるのはもっともです。自費出版や地域資料などには，受入に一つ一つ手間がかかる資料も多いですが，住民の立場，寄贈者の立場にも立って，資料の大切さ，図書館組織網のことをしっかり捉えたいものです。

(3) 図書館のカウンター

　図書館カウンターは利用者と図書館員との接点であり，館長はその現場を知ることが大切です。

　図書館員の専門性について,「利用者を知り，資料を知り，利用者と資料を結びつける」(「図書館員の倫理綱領」) といわれています。その専門性を最も発揮していく場が，利用者と接する窓口（カウンター）であり，より高めていくところもカウンターです。多くの地域図書館においては，住民と直接接する（第一次接触）度合いが強く，業務量の多くを占めることもあり，職員全員でカウンター業務を行う図書館が多いことと思います。本書では，図書館の規模として，市区町村立で図書館員が10数人以下の地域図書館を想定していますが，規模の大きい図書館になると，分業と協業が出てくるようになるでしょう。もっとも，大きな図書館も当然，地域図書館的な部分を併せ持っています。

　かつての図書館では，図書館に出入りするのにまず受付があり，入館票とか閲覧票を渡されました。閉架式の書庫では本を手にとって選ぶことはできず，利用者は目録カードをめくるなどして希望の本を決め，出納台の職員に頼んで，書庫

から持ってきてもらいました。閲覧室をはじめとして静かな雰囲気が強調され、窓口自体も陰気な感じが漂い、質問するのも躊躇させるものがありました。このように閉ざされた状況下においては、窓口も閉ざされた感が否めませんでした。

　しかし、市民に開かれた図書館づくりがすすめられるなかで、窓口も変わってきました。入館票が廃止され、受付窓口がなくなり、書架が閉架式から開架式へ変わっていくなかで、出納窓口もなくなっていきました。窓口の整理・統合とともに、積極的な役割が認識されるようになってきたのです。

　図書館のカウンターは、利用の登録、資料の貸出・返却、リクエストの受付などの手続きを行いますが、単にバーコードをなぞったり、資料を右から左に手渡すだけのところではありません。利用者一人一人との対話を心がけ、適切な利用案内や資料案内を行い、十分な利用をはかるとともに、そこから学んだものを図書館運営に反映させていく場です。相撲の関取にとっては、土俵には宝が埋まっているといわれますが、図書館員にとっての土俵はカウンターだといえましょう。

　カウンターでは、親しみやすく明るい雰囲気づくりが大切です。図書館員が一人一人の利用者にひと声かける積極性と、利用者からの一つ一つの要求に、とことんこたえていく熱意と忍耐力、他の職員との協力、チームワークが大切です。なにか冷たい雰囲気があったり、利用者が視野になく本を読んでいたり、他の職員と世間話をしたり、まして、利用者について批評したり、資料を粗末に扱ったりでは、とてもそこに働く資格はありません。このような緊張関係を持ってカウンター業務にあたるには、一定の時間をローテーションで行う必要があります。図書館員が10数人程度の地域図書館では、

一般的に全員であたることになっていくでしょう。

　全職員がカウンターにかかわり，そこから学ぶことの意義は大きいものがあります。引き継ぎ事項や，出来事，感想などをノートに記録して，反省材料などに使うことも有効です。図書館サービスの発揮できるところはカウンターであり，そこでの喜びが図書館員の生き甲斐でもあり，そこでの苦しみが自らを向上させることにもつながります。

　図書館の仕事は，カウンター業務のような直接的業務以外に間接的業務（舞台裏の仕事）があり，全職員がそこにも携わることになります。規模の大きな図書館になれば，カウンターがいくつかに分かれたり，間接的業務の割合が増えたりすることも多くなるかもしれませんが，所詮そのような業務は，直接的業務のための業務，それを支える業務であり，すべての業務はカウンターに収斂されていくといえましょう。カウンター業務を軽視したり，嫌がったり，館長など役職者がカウンターには立たないなどということでは，土俵に立たない相撲のようなものです。

　私は佐賀市立図書館では返却された資料の処理のカウンターに立つことが多かったのですが，働く現場を知ることは，現場で起こるさまざまな問題を解決するときに有効です。現場を知らない机上のプランでは，的を射ないことが少なくありません。館長がカウンターに立つことは，現場の士気を高めるだけでなく，利用者にとっても図書館を知るよい機会になりますし，館長にとってもいろいろな利用者と接する機会になります。さまざまな会合に出席すると，出席している人たちからそういう話が出て，館長がカウンターに立つことが図書館の理解に役立っていたのだと，あらためて感じました。

2章 図書館を運営する

2.1 図書館長の役割とは

　図書館長には，すべての人に図書館奉仕をという理念で，施設，資料，職員を活かす視点が必要です。自治体の自然や文化環境を把握し，議会での討議や，住民の要望等を調査して計画の素材とし，まちづくりに重要な核として図書館を位置づけ，地域に合った青写真を描けるようにします。

　図書館運営上で理解すべき法規，宣言，基準には，図書館法，国立国会図書館法，学校図書館法，子どもの読書活動の推進に関する法律，文字・活字文化振興法，社会教育法，博物館法，地方教育行政の組織及び運営に関する法律，教育基本法，著作権法，公文書館法，身体障害者福祉法，児童福祉法，地方自治法，日本国憲法，などがあります。関係の深い宣言・基準には，図書館の自由に関する宣言，図書館員の倫理綱領，ユネスコ公共図書館宣言，ユネスコ学習権宣言，児童憲章，子どもの権利条約，公立図書館の設置及び運営上の望ましい基準，など多々あります。特に，図書館法については図書館設置条例で補強するべきです。その上で，たとえば複写サービスにおいて著作権法を紹介するなど，具体的に周知していくようにします。

館長は，運営方針をはじめ基準や指針等を作成し，方針を決定するときの参考にします。図書館法では「館長は，館務を掌理し，所属職員を監督して，図書館奉仕の機能の達成に努めなければならない」とあります。端的にいえば，図書館の三要素である職員と資料と施設とを活かして，運営方針によって図書館奉仕を行っていくことです。

　図書館設置条例や運営規則をつくるときは，あまり規制しないようにして，館長の裁量の範囲を広げておくと運営が柔軟にできます。「……おそれのある者」の表現は避けるべきですし，「……ねばならない」といった表現より「……することができる」のほうが裁量の範囲が広くなるでしょう。館長の裁量によるところは，あらかじめ運用指針を決めておく必要があります。事例のたびに，いちいち館長に判断してもらわなければならないのではわずらわしいし，公正さ，一貫性が保てなくなる恐れもあります。規則にしても条例にしても，実態に合わなくなったときは，理由をきちんと示し，手続きを経て改正するようにします。

2.2 図書館評価の基準

　図書館運営の評価としてよくいわれるのは，図書館資料の利用とそこにかかった経費とを比較して，どのくらいの経済効果を生み出したかというものです。たとえば，貸し出された資料に平均単価を乗じたものから経費を減じて住民数で割り，住民1人あたりいくら還元したという数値です。それもたしかに評価の一面ではありますが，そのほかに館内での利用や，資料以外のさまざまな利用もあるので，いろいろな点

を指標としてみる必要があります。

　国際的には，国際標準化機構（ISO）規格として，「図書館パフォーマンス指標」が紹介されたり研究されたりしていますので，参考にしていきたいものです。

　国内でも運営指標などが考えられるようになってきました。運営指標として通常出されるのは，登録者の人口に対する割合を示す登録率，年間の資料貸出点数から算出する貸出密度（人口1人あたりの年間貸出点数），購入点数，蔵書点数，蔵書率（人口1人あたりの蔵書数），蔵書回転率（貸出点数÷蔵書点数），職員数や予算，決算額などです。

　これらの指標は前年度と比較したり，他の自治体と比較したりすることにより意味を持ってきます。職員1人あたりの貸出点数，予約点数，購入点数などは，他の図書館と比較することによって人員要求の資料にすることもできます。最近では，資料の予約件数やレファレンス件数，年間の入館者数，集会活動の件数や参加者数などもあげられます。日本図書館協会が毎年行っている公共図書館と大学図書館の調査「日本の図書館」からの指標が利用されることが多く，それぞれ工夫されているようです。

　貸出に関しては，「公立図書館の設置及び運営上の望ましい基準」（文部科学省告示）には数値目標はなく，それ以前の「案」では貸出密度4点となっています。しかし，これは今となっては平均値のようなもので，日本図書館協会の図書館政策特別委員会が提示している8点とか，図書館先進国なみの2桁ぐらいは目指したいものです。

　図書館評価には，アンケート調査や投書などもろもろの声も使えます。それぞれの図書館で積極的に取り組んで，図書

館運営や計画に活かしましょう。住民からみた図書館評価表などが，外国でも日本でもつくられていますので，図書館友の会で考案して積極的に使っていきたいものです。また，子どもたちの「図書館探検隊」などの発表からも，図書館への関心や評価がどこにあるかがわかって参考になります。

ある人が外国に図書館留学していたとき，図書館をあまり利用していない人がさかんに自分の地域の図書館を自慢していたという話を聞いたことがあります。図書館の評価においては，運営指標などを工夫して目標を掲げ，図書館が経済効果もあげていることを証明すると同時に，図書館が発展している姿，地域のまちづくり，人づくりに貢献していることのPRにつなげたいものです。

2.3 図書館建設計画の立て方

新たに図書館を始める場合には，まず準備室をつくり，その準備室長には，実際に図書館運営にあたる館長予定者がなることが望ましく，当初から立地条件を含めて検討できるのが理想です。講師を招いたり，図書館見学したりして図書館について学習するとともに，自治体の各層の人たちや図書館の専門家が参加する検討会を組織して，短期・長期のビジョンを立て，図書館計画の骨格を形づくっていくようにします。

図書館建設にあたっては，関係者の図書館への理解を助ける上で，図書館の専門家を招いての学習会は必要ですし，写真展や図書館見学会などで共通理解を得るようにしましょう。図書館の専門家から住民参加のアドバイスをもらうとか，地方の新聞記者などへの図書館理解の輪を広げることも大切

なことです。佐賀県の伊万里市民図書館では，図書館見学において，見学者が図書館協議会など住民の場合は，図書館友の会の市民ボランティアが案内役をしています。

　佐賀市の場合は，県庁所在市で県立図書館がすでにあったので，住民は長い間，県立図書館を市立図書館のように使い，「自分の町に図書館がある」と認識していました。やがて住民が市に図書館がほしいと言い始めて，ついには市長選挙の公約になり，基本構想から開館に至るまで，研究会から始まって10年近くかかりました。

　図書館についての請願や陳情があったときは，それを提出した人と会って話をすることが大切です。住民参加の芽は，その気になればあちこちに発見できるのです。市長や館長あての投書や新聞の声なども参考にすることができます。

　私が図書館がすでにあるI市の図書館づくりにかかわったときのこと，図書館建築や図書館の専門家と同時に地域の各層からの人が委員として参加して，公開プロポーザルによって設計者を絞り込んでいったことがあります。

　私が働いていた自治体で，都営住宅併設の地域施設を図書館にするときには，職員の描いたイラストが，住民への説明会で図書館をイメージしてもらうのに効果があったようです。ある地域雑誌で編集者が描いた「こんな図書館がほしい」というイラストを見たことがありますが，イラストや写真などは図書館をイメージするのに適しています。図書館のはたらきがわかる写真展なども，図書館の発見に役立つでしょう。

　ある自治体では，職員がいないため自動車図書館が動かないという事情を，職員が住民に訴えたことが契機になって，図書館の人事異動をはじめその自治体の人事行政が改善され

ていったそうです。住民は，事情がわかるようにされてこそ動けるというものです。

建築の世界では「三笑・五笑主義」という考え方があります。住宅建築で，施主，設計者，施行者の三者が，公共建築では，施主（オーナーは行政），利用者（ユーザー），設計者，施行者，にプラスその地域の住民（直接の利用者でなくても毎日その建物と顔をつきあわせている人々）の五者がともに喜ぶというものです。図書館の場合，私は職員（働き手）や旅行者などを加えて，「七笑」以上で考えたいと思います。

公共建築で一番大切なのは利用する人でしょうし，図書館をつくる計画で大切なものは住民参加です。行政内部だけで，しかも館長会のようなところで進めるのでは，喜ぶ人の範囲が狭くなって期待できません。設計者のKさんが，住んでいるところも設計事務所も違うH市の図書館建築をするにあたってまずしたことは，その自治体の自動車図書館に乗せてもらっての地域めぐりでした。図書館を初めて設置するには，まず館長を決めて，その人を中心に事を進めていくことが大切と言われていますが，図書館がすでにある場合でも，準備する人と住民参加，情報公開は大切なことと思われます。

2.4 運営方針・収集方針をつくる

どのような事業であれ，その事業を行っていくための運営方針はあります。一般的には事業主によって決められるものですが，図書館の場合は，自治体の定めた条例や規則等のもとに首長や図書館長によって定められます。「図書館の自由に関する宣言」には，図書館資料の収集方針について公開す

るようにとありますが，図書館事業の対象は住民ですので，収集方針はもちろん事業の運営方針も公開し，住民の理解と協力を得るようにします。

　運営方針には特に形は決まっていませんが，どのような精神で（気持ちで），どのような図書館観で，どのような根拠で運営するかを盛り込むのも一例です。運営方針と銘打っていなくても，図書館案内や図書館報に「このような図書館でありたい」と首長からのメッセージが書かれることもあり，それも運営方針といえます。

　資料収集の方針についても形は決まっていませんが，「……は収集しない」といった否定的な表現は，資料を網羅的に収集していく機関である図書館としては避けたほうがよいといわれています。

　運営方針や資料収集の方針は，掲示したり，冊子にしたり，館報や要覧等を使ったりして住民に知らせます。「土地の事情，一般公衆の希望に沿い」図書館奉仕を行っていくためには，図書館の方針について理解してもらうことが必要です。もちろん，状況に応じた見直しや改正もあってしかるべきです。

　図書館をできるだけ規制しないで自由に利用してもらうという運営方針であれば，そのことを知らせ，それに沿った運営を日頃から行います。利用者から「子どもが大声を出して走る」とか，「勉強部屋がほしい」などの異議や注文が寄せられるかもしれません。図書館としては，子どもと大人がいっしょに利用することや，持ち込み資料の勉強部屋のようなものはつくらないといった方針について，あらかじめ検討して考え方をはっきりさせ，利用者に知らせておきます。

人に迷惑になる行為にはきちんと注意することは当然ですが，図書館も調べもの等のためのスペースを用意したり，人の迷惑にならない範囲で，資料を持ち込んで勉強できるような座席の確保など，柔軟な対応も必要です。

　「図書館で囲碁や将棋をやる必要はない」との異議が出された場合にも，図書館をそうした交流の場にもしているという考え方を説明し，理解してもらうようにします。囲碁や将棋の本があるだけでなく，その道具があって，実際にできる場という「再生装置」が図書館にあることが大切なのです。本を読んで知れば，実際にやってみるという経験をしたくなるのは自明のことです。図書館でも簡単にできることなら，いろいろと試す場があってもよいのではないでしょうか。ある人がスウェーデンの図書館を訪れたとき，チェスのコーナーがあるのを目にしました。案内してくれた館長は，「このコーナーはいろいろな国の言葉を話す人が利用します。チェスは国際語です」と語ったそうです。チェスが国境を越えた交流にも役立っているのです。こうした話をすれば，囲碁や将棋のコーナーが図書館にあることについて疑問に思う人も納得してくれるでしょう。このように，利用者と図書館のお互いの理解と協力が大切です。

　また，図書館の運営に関して，館長の諮問機関である図書館協議会の意見をきいたり，利用者懇談会での意見交換もしていきたいものです。

　佐賀市の「いきいき人間都市宣言」には「躍動と風格のあるこのまちでともに語りあい，支えあい，いきいきとくらせる心豊かなまちづくりを目指します」とあります。「躍動」という言葉はそのほかにも随所にみられ，市長は「知的遊び

場」「日本一利用しやすい楽しい図書館」と，躍動する図書館をイメージしていたようです。

1996年3月の第17回佐賀市立図書館懇話会（最終）で，集会室利用の有料・無料が論議されたときに，事務局は，躍動する図書館であるために主催する事業にも積極的に取り組みたい，図書館活動は無料であるが，集会活動を広く文化活動としてとらえながら，一つ一つ審査していきたい，と答えています。また，私がその場で館長として紹介され，すべてが参加できる図書館の可能性等について述べています。こうした観点から，佐賀市立図書館の運営方針が立てられました。

佐賀市立図書館のコンセプトは3点に要約され，運営方針とともに資料編に収録してあります。コンセプトの第一は「いろんな人の交流の場である」で，これは図書館としては斬新なものです（ただし，図書館主催の事業が多く，市民の学習・文化活動の場としての整備は，開館して4年以上経過してのことでした）。

佐賀市立図書館の運営方針は，墨田区立八広図書館でつくったものを概ね引き継いでいますが，少し解説しましょう。

まず，運営の基本として「市民と共に育てる視点で図書館運営を行う」を掲げました。

運営方針1では「真理と愛情を基本に」図書館サービスをすすめる，と掲げています。「真理」を加えたのは，国立国会図書館法の前文に「真理がわれらを自由にする」とあるように，図書館は学問・研究の自由を保障し，真理探究の砦であるという認識によるものです。「愛情」は，図書館法に明記されている図書館奉仕をていねいに行い，文庫活動でよくいわれるような「手のひらのあたたかさ」をもって一人一人

に接したいという思いを示しています。

　運営方針2では，資料・情報提供を基礎として市民の要求に図書館組織網で応え，市民相互の交流をはかる，としています。資料・情報提供は，多種・多量の資料をそろえるだけでなく，そこに含まれる幅広い情報を提供することです。図書館組織網は，「組織＝システム」と「網＝ネットワーク」の合成語で，自治体内・自治体間のみならず館種を越えたものです。また，市民相互の交流をはかるということは，図書館のコンセプトの第一に掲げた「いろんな人の交流の場である」に通じます。「集める」よりも「集まる」が基本なのです。

　これらを構造的にとらえると，まず図書館は「気軽に語りあえる場」であり，次に「各種会合など幅広く使える場」となるわけで，図書館は住民の自主的な活動を援助するところであり，したがってさまざまな行事は要望に基づいて行われる，ということになります。

2.5 予算編成

　予算編成は図書館長の大きな役割の一つです。利用書の要望をまとめ，せっかく新規事業を起こそうとしても，その裏づけとなる予算がつかなくては思うように運びません。予算編成に際しては，職員からの提案を聞き，職場全体で話し合います。むろん，利用者懇談会（どのように行うかは後で述べます）での要望，カウンターで聞いたこと，苦情などからも，必要な予算を算定し，取捨選択します。予算をともなわずとも，やりくりや工夫でしのげるものは除きます。そして，自治体内の他の図書館とも調整し，図書館全体として合理的

なものにすることが必要です。

　今では，本に透明なカバーが貼られているのは当然のように思われているかもしれませんが，私が数十年前友人から教えてもらって，それを導入するにあたっては，自分の図書館で2年がかりで実験してみました。その後，装備したものとそうでないものの効果を，実物を持ち込んで財務担当者に納得させて予算化したことがありました。

　予算計上で大切なことは，根拠となるデータを用意することです。まず総論として，図書館事業の根拠法規や自治体内の位置づけ，利用状況，活動状況などを正確に，そして簡潔に述べることが大切です。

　予算は年度別で，当初予算と補正予算があります。予算の中身には，事業を通常に行っていく上で必要な経常経費と，必要に応じて計上する臨時経費や政策経費があります。

　経常経費では，図書館の三要素である人，資料，施設を分け方の基本にして，たとえば多額の経費を要するコンピュータ関連経費を別枠にしてもよいでしょう。

　人件費には，図書館協議会や非常勤や臨時職員の経費も含まれますが，職員については通常，教育費のなかの総務費として別途計上されます。

　資料費は，図書，新聞，雑誌等の図書資料が中心ですが，最近は視聴覚資料が数量とも多くなり，電子媒体資料等も出現しています。ここには資料の装備や書誌データ作成など，整備にかかわる経費も含まれてきます。

　人件費や資料費を除いた経費は，施設維持管理費とでもいうもので，事業や維持管理や広報業務に要する経費等に大別され，それぞれがまた細かく分かれます。

細かく分けた項目ごとに，新年度の予算（歳入・歳出）を，前年度の予算・決算，現年度と対比する表にして，根拠を示して見積りするのです。その図書館の状況を根拠とし，他の図書館のデータも参考にしますが，場合によってはマイナスに作用するかもしれません。

　図書館としての算定は，財政担当，教育委員会，助役，首長などのヒアリングや折衝などを経て予算が査定され，議会に諮られ，議決によって本決まりということになります。

　図書館活動がその自治体でどう評価されているか，住民の評判はどうか，首長，議会はじめ行政関係者の理解はどうか，自治体の財政状況はどうか，そして図書館側の交渉力等々，予算にはいろいろな要因が絡まってきます。また，時として国や県からの補助金による事業などもあるので，図書館としてアンテナをのばし，すばやく適切に対応していくことも予算獲得の上で大切です。

　具体的には，図書館の三要素，経費，貸出等利用統計などを職員1人あたりで算出し，他の県庁所在市や同人口規模市と比較した表を作成して，首長や教育長に説明します。入館者数，貸出冊数，レファレンス件数，資料費などのグラフを利用者の目に触れるようにしたり，館報や要覧にも載せるようにします。

　また，現在あるものを工夫して使うようにします。囲碁・将棋のコーナーを移転・拡張するときは，利用拡大とともに経費節減に努めました。たとえば駐車場管理については当初，駐車利用券に図書館のチェックが必要でしたが，駐車時間に制限はないので，駐車利用券を廃止することにしました。そうすると，利用券の用紙とチェックのための機械類が不要と

なり，利用者が駐車利用券を挿入する手間やチェックのための人員も不要となります。この結果，利便性と経費節減の両方に貢献することになりました。

　予算執行にあたっては，計画的に行うことと同時に，時宜を失しないような配慮と透明性の確保，そして常に住民の利益に立っていくことが大切です。たとえばリクエストされた資料の取り扱いを，早く確実に柔軟に対応できる体制にしたり，他の費用を節約して資料費にまわすなどして，予算の執行率をあげるようにします。

　資料の貸出がさかんになれば，書架ががらがらになった状況が，住民の投書等となって，首長にどしどし寄せられることになり，資料費増額への理解にもつながります。

　住民をはじめ自治体の支持を得る図書館活動が基本であり，住民が使いこなして声をあげ，図書館への理解や期待が自治体で広がれば，予算にも反映させることができます。

3章 職員集団と館長

　職員一人一人がどう思いどう行動しているか，職場の状況がどうであるかを図書館長が把握するのは当然ですが，最終的にどう決断するかは館長にかかっています。一人一人の意見を聞き，それぞれの力をつかみ，仕事が公平・円滑にいくように事務分担させるのが前提です。古参，新人，非常勤職員も意見を出していくなかで，意見が割れたりする場合も，両論併記は好ましいことではありません。職員集団の力以上に無理することはありませんが，利用者，住民の視点で判断するようにしたいものです。利用者，住民に問題を投げかける必要があります。その一つは図書館協議会であり，もう一つは利用者懇談会です。日本図書館協会によるそれらの全国調査が，『図書館雑誌』などに発表されたりしていますので参考になります。

3.1 館長の責任

　職務の権限の分担，付与については明確にしておかなければなりませんが，そこから生じた責任は図書館長が負うべきであり，責任をそっくり職員に付与することはできません。したがって責任の持てないような権限の付与はすべきではな

く，さりとて臆病になってもいけません。

　図書館員の責任について，「図書館員の倫理綱領」は，利用者に対する責任，資料に関する責任，研修に努める責任などについて述べており，これらは図書館員全体に求めるだけでなく，図書館に働くボランティアや図書館同種施設に働く人々，地域文庫にかかわる人々等による理解をも望むこととしています。図書館員には，図書館活動を行うものとしての普遍的な責任はもちろん，その担当業務についての責任があります。共同作業の多い図書館職場においては共同責任（連帯責任）が考えられますが、もちろん最高責任者は館長です。

　図書館長の専決事項の例を以下にあげます。佐賀市教育委員会事務専決規則には，次のように定められています。

　第3条　図書館長は，次に掲げる事務を専決することができる。
　(1)　図書館に属する施設設備の使用許可に関すること。
　(2)　図書館の利用時間又は休館日の変更（臨時）に関すること。
　(3)　図書，記録，視聴覚資料その他必要な資料の購入及び廃棄に関すること。
　(4)　副館長の旅行命令（4日未満のものに限る。）に関すること。
　(5)　その他教育長が指示する事項。

　また、課長等の専決事項については次のようになっていて，図書館副館長も含まれます。

　第4条　課長，小中学校長及び公民館長は，それぞれ次に掲げる事務を専決することができる。
　共通事項（公民館長を除く。）

(1) 主管に関する事務の調整に関すること。
(2) 副申を要しない定例の報告文書の処理に関すること。
(3) 軽易な照会及び回答に関すること。
(4) 職員の超過勤務に関すること。
(5) 職員の勤務，職務に専念する義務の免除の承認並びに休暇（14日以上の長期休暇を除く。）の承認に関すること。
(6) 職員の旅行命令に関すること。
(7) 物品の供用及び出納通知に関すること。

3.2 職員集団としてのコミュニケーションづくり

　職場づくりにとって職場会議は絶対必要です。そこでは業務の方針等の討論・確認を行ったり，会議への出席などの報告をしたり，カウンターでの出来事，仕事の改善にかかわる相談をしたりなど，何でも話せるようにして意思の疎通をはかるべきです。

　図書館は交代勤務が多く，全員が顔を合わせることは難しい職場です。しかし，できるだけ集まって話し合える場を持つようにしたいものです。40年も前ですが，館長交代を機会に，毎朝話し合いの場を持つようにし，そこが職場改善の出発点になったことがあります。館長が司会をするよりも，職員が回り持ちで司会をするほうがよかったようですし，たとえ出席できなくても様子がわかるように，日誌（記録）をとって，意思疎通ができるようにしたのもよかったと思います。

最近ある図書館を見学したとき，職員全員が顔を合わせるのが難しくなって連絡帳で連絡を取り合っている，という説明が館長からありました。みんながそろわなくても，たとえ短い時間でも，お茶を飲む程度でも，顔合わせは毎日やりたいものです。会議や図書館見学などの報告，利用者との応対のこと，自分が疑問に感じていることなど，お互いを出し切れるように，5分でも10分でも習慣づけることが大切です。

　カウンターにおける利用者との対応についても，最低限の共通の基盤，水準の維持が求められます。それぞれの職員がちぐはぐな対応をしたのでは，利用者にとって大迷惑であり，とても信頼できる図書館にはなっていきません。資料整理の仕事のなかでも，たとえば図書の配架を主題別で分担するとき，それぞれが勝手な方法で配架したとすれば，探すときとても骨の折れることでしょう。

　マニュアルの整備や研修なども大切なことですが，まずは職員の意思疎通をよくしていくことが大切であり，話し合いの場（職場会議）がぜひとも必要です。せめて週に1回はある程度時間をとるべきでしょうし，顔合わせと簡単な話し合いぐらいは，毎朝でもやってほしいものです。

　情報は公平に流れていかなければなりません。一人一人の考えが全体のものとなれば，集団的専門性の絆が深まります。だれしも，知らないうちに決まったというのは，たとえその内容がよいものだとしても快いものではないでしょう。自らも参画し，納得ずくであれば，たとえ内容が十分でなかったとしても，取り組めるものです。

　図書館の仕事は，集団としてかかわっていくことが多い仕事です。一つ一つは定型的のようでも，よく見ればそれぞれ

が違うものですし，お互いの仕事がかかわり合っているし，継続しています。しかも，常によりよくしていける発展性を秘めています。仕事は集団として担うことが多く，担当の責任で決めたとしても他から異議をはさむことはできます。もちろん，館長のアイディアも議論の対象になるでしょう。運営方針に照らしてどうか，利用者・住民にとってどうかと議論されるべきでしょう。議論を尽くすことこそ民主的な職場づくりにつながります。

　全体会議と同時に，担当グループの打ち合わせも大切なことです。図書館員の勉強は，単に本を読んだり，先生の話を聞くことからだけではなく，現場に学ぶ，生きた事例に学ぶのです。図書館員の専門性が鍛えられるのは，現場であり，利用者，住民との緊張関係，そのサービス現場に学び，そこに返すものです。図書館活動の善し悪しは職場集団によるといっても過言ではなく，形成している一人一人の図書館員の力がかみあってこそ，全体の力となっていくのです。

　私が墨田区立あずま図書館や八広図書館での仕事を通して考えてきたものは，この集団的専門性でした。

3.3 図書館サービスと職員態勢づくり

　図書館サービスは，住民が図書館資料・情報を利用できたり，集会活動ができるように，図書館の専門性を発揮する図書館員集団によって行われることが望まれます。

　図書館で働く人は全員正職員で，図書館法の趣旨からいってその多くが司書有資格者であることが望ましいのですが，実際には，嘱託や臨時職員，委託や派遣職員などが増えてお

り，正職員の割合が半分以下といった状況もみられます。嘱託や臨時職員，委託や派遣職員のなかには，若い人や，司書有資格者も多く，正職員の司書有資格者は全国平均5割程度ですが，むしろ正職員の司書率より高いようです。しかし，この人たちがよくやってくれるとか，若いだけでは，仕事の継続や積み重ねができず，図書館の発展も危ぶまれます。

　嘱託・臨時職員や委託・派遣職員の人たちも含め，職員が図書館で働き続けられることと，図書館員の専門性を大切にしていく条件整備が重要です。採用の身分にかかわらず，働くものは団結して行動すべきだと思いますがどうでしょうか。利用者から見ても自信なさそうで不安定な職場は困るし，職員がもっと自信を持って堂々としている職場でないと，信頼が置ける職場集団とはいえません。なによりの基本は，人権を尊重していくことです。互いにあいさつを交わし，コミュニケーションをよくし，仕事と休息をうまくかみあわせていくことが大切です。

　すでに述べたように，図書館で働く職員が一体的に能力を発揮するためには，お互いのチームワークが大切です。館長は職員が情報を共有し，話し合いに参加して図書館への共通理解を深め，仕事に取り組めるようにします。利用者に明るく親切にあいさつすること，プライバシーを守ること，わからないことは他の職員に相談することなどが基本です。また，館長は職員の希望をきき，適材適所を考えて業務分担させ，指導や相談できる職員と組み合わせて，しかも，できるだけ自律して仕事ができるようにします。

　図書館では，季節に応じて手づくりの人形劇などに取り組むことがあります。できるだけ多くの職員が参加すれば，向

き不向き,特技等が発見されたり,職員の連帯感が養えるので,できの善し悪しは別として,利用者にも身近に迎えられます。お話会などにもできるだけ多くの職員が参加できるようにして,感想を記録していけば,お互いがわかり合えることにつながっていきます。もちろん,粗悪品を利用者に提供することにならないようにしなければなりませんが。

　また,図書館には利用者が図書館を使うにあたって「利用案内」や「利用の手引き」があります。利用者が初めて図書館カード(貸出カード)をつくるときに,それを使って図書館のサービスを説明したりします。私の経験では,40年くらい前に,最初は他の図書館のものを参考にしましたが,20人くらいの職場でしたので,みんなで検討できる状況がありました。利用者の立場で考えてみると,日常的に何かしら改善点が出てくるものです。利用者と接しているから,新任職員だからこそ気がつくこともありますので,それらを大切にしたいと思います。こうしてつくった「利用の手引き」は,長い間私の名刺がわりでもありました。

3.4 必要な人員を確保するために

　図書館の三要素は人と資料と施設で,その重要度の割合は75％,20％,5％といわれています。人が75％,というのは図書館の経費の割合かときかれたことがありますが,実際に図書館事業で人件費の占める割合は大きく,資料費とともに苦労の多いところです。

　図書館長が職員採用にどの程度かかわるかについては一概にはいえませんが,一般職員としての採用については,人事

担当に館長の意向や希望を伝えたり，司書の職員や，嘱託，臨時職員に面接したりしてかかわることはあります。司書職制度や司書採用ということになると，試験問題を考えたり，面接に加わったりして，大いにかかわることになるでしょう。

図書館業務において職員数が適正かどうかは，業務分析と事務量計算を基本に判断されることです。ただし，図書館業務は非定型的で裁量の範囲が広く，「図書館員の倫理綱領」にもあるように，研修時間の確保や，超過勤務や仕事の滞り等も判断材料になります。つまり，図書館事業の進展ともかかわってきます。

図書館に必要な人員算定の根拠として，東京の場合，かつては蔵書数と閲覧席数をもとに，蔵書2万冊に1人，閲覧席80席に1人，といったものが使われていました。30年くらい前には，建物の面積と開館時間の形態をもとに，1,200 ㎡で12人，夜間開館すると3人加える，という基準もありました。年間の貸出点数や資料受入点数をもとにするという報告も出されましたが，実施されませんでした（「司書職制度を中心とした区立図書館の振興対策」図書館振興対策プロジェクトチーム，1972.11）。外国の例では，貸出点数（2万点に職員1人）や資料受入点数をもとにしたり，人口で比較することもあります。

新たに開館するときは，図書館の規模，勤務の態様，他の自治体との比較のなかで人員が決められるようですが，自治体における職員定数は条例で定めるので，議会で決められることになり，執行部が予定していてもそのとおりになるとは限りません。

必要な人員確保は，館長の役割であると同時に，「図書館

員の倫理綱領」にもあるように職場集団としての役割でもあります。職員組合としても，さらにいえば利用者・住民としても大切なことではないでしょうか。

　人員確保のために必要なこととして，図書館事業が進展していることがまずは大切で，新規事業への取り組みや，社会情勢，国の動向などにも注意をして，積極的に取り組むようにします。窓口や資料整理など図書館業務を洗い出して，勤務態様とも関連させて必要人員を出すこと，職員1人あたりの貸出点数や資料処理点数などの他自治体との比較などで客観性を持たせ，熱意とねばりで図書館活動への理解を求めることです。適正な人員確保には，首長や議会の理解，住民の声や支えが大きいことはいうまでもありません。

3.5 専門と専門職

　専門とは，文字どおりもっぱらその任にあたることをいいます。人類が分業・協業の歴史をたどってきたなかで専門化してきて，専門職が生まれてきたといえます。

　「ユネスコ公共図書館宣言」では，「図書館員は利用者と資料源との積極的な仲介者である。適切なサービスを確実に行うために，図書館員の専門教育と継続教育は欠くことができない」とあります。図書館法では専門的職員という言葉を使っていますが，これは専門職を意味していると考えるのが妥当のようです。一般的には，専門・分化していくなかで専門職として社会的にも認められているもの，専門的職種の段階のものなど，その国の事情等によっても異なってくるでしょう。

図書館における専門資格として司書・司書補がありますが，司書資格を取得すれば即戦力と考えるには十分でないでしょう。図書館学は実学ですから，図書館活動の進展を反映するものでなければならないし，業務の実際から学ぶことが大切です。司書資格は専門家としての入口にすぎません。司書補が実務経験を経て司書になっていく過程は，図書館業務を反映しているともいえます。また，図書館学の修士号・博士号を他の専門分野とあわせて習得した人は，図書館の百科全書的性格から歓迎されるでしょう。「ユネスコ公共図書館宣言」でも，「その他の専門職との地方，地域，全国および国際的な段階での協力が確保されなければならない」と述べています。

　現状の司書資格教育制度は，質・量ともに十分であるとはいえませんが，専門職員養成のためには，司書資格を入口と考え，図書館で採用し，継続教育して蓄積することが大切で，現場から資格教育制度に反映させる道をとるべきでしょう。

　司書として身につけておくべきこととして，図書館の理念と歴史，図書館資料と奉仕対象，資料組織化の技術と図書館奉仕の技術などがあげられますが，他の図書館に学び図書館員と交流するなかで刺激を受けるのが有効です。

　司書の専門的な仕事として，まずは選書と相談業務があげられます。図書館での選書は，資料と利用者と図書館組織網の蔵書構成を知ってできるものですし，相談業務にも同じことがいえます。事例の蓄積によるツールづくりとともに，人的資源を含めた情報源の網を張りめぐらせるためには，図書館員集団の協力が大切になります。

　従来，図書館員は資料のほうを向いていて，利用者のほう

を向いていないのではないかとの批判もありましたが,これからの図書館員は,「本も人も好き」ということが大切です。

職員集団のリーダーに求められるものは,図書館哲学と図書館への情熱,惜しまずに学べる情報の質と量,包容力ある統率力と人間としての魅力とでもいっておきましょうか。

3.6 職員の研修

図書館の仕事を始めるにあたっては,職場内研修や新任研修が大切です。その館だけでの研修も必要ですが,自治体単位での研修には毎年教材を用意して,一定期間取り組むようにします。研修には地域のブロックや県レベルのものなどいろいろありますので,館長はどのような研修があるかを把握して,職員を極力参加させるように努めることが大切です。

図書館で働く人の雇用形態はさまざまですから,それぞれに対応した研修が必要になります。臨時職員,非常勤職員,派遣職員にも,利用者への親切で公平な態度,資料や施設の取り扱い,他の職員への連絡など,基本的なことについては,習熟した職員の助けも借りながら,館長自らが指導できるようにしたいものです。

職員の研修では,館長が図書館活動についてどう理解し,どうかかわっていくのかが,まず問われます。専門職集団では,それぞれの分野でいろいろな団体等があり,各自が自主的に入会して交流・研鑽をするのが当然ですが,図書館員の場合も二つや三つの研究会等に,自前で会費を出して入るのが当たり前といわれています。

私の経験では,同種だけでなく異業種の人もいる団体との

関係を持つと，お互いに補い合ってよいのではないかと思っています。図書館だけでなく，公民館や博物館など住民，利用者に奉仕する機関の見学や，そこで働いている人たちとの交流は，よいところも悪いところも参考になります。そのことを職場で報告し，実践につなげていくのです。たとえば，1972年の御殿場における図書館問題研究会大会で，視覚障害者・聴覚障害者の発言に刺激を受け，職場で障害者サービスに関する情報を回覧し，それが実際に図書館で障害者サービスを実施するきっかけとなりました。

　図書館が施設会員として日本図書館協会などいくつかの団体に入会し，館長が施設を代表するにしても，館長は率先して自前で研究会等に入るべきです。職員にもそうした団体があることを知らせ，職員が研究会などに参加することを奨励し，集会等への参加を援助していくことに積極的でありたいものです。図書館の専門家たらんとする者は，自己研鑽に努め，いくつかの研究会にも入り，日常生活においても，図書館にひきよせて物事をみることが大切です。

　図書館関係団体に所属するのは当然でしょうが，図書館員だけの団体だけというより，文庫や図書館づくりの住民団体に参加すれば歓迎されるでしょう。また，いろいろな職業の人がメンバーになっている団体にも入って交流すると，自分の幅も広くなるし，図書館をPRすることもできます。その団体にとっても，図書館員の存在は有益です。図書館員が社会のいろいろな分野に顔をみせることは，図書館の存在を広く知らせるとともに，その分野においても図書館奉仕が活かしやすくなります。

　研修・研鑽は自主的に，かつ楽しく学ぶ「楽習」というこ

とが大切です。「好きこそものの上手なれ」といいますが,職員が好きなことや得意な分野を伸ばして,それぞれが図書館の仕事に活かせるようにします。館長が,図書館が好きで情熱を持って取り組んでいれば,職員にも刺激となるでしょう。館長は職員の興味,関心事に応じて,相談にのるなどして援助します。

　研究・研修の場として,国,地方,県レベル等のさまざまな集会が定例的に,また臨時に持たれる場合があります。図書館としては,毎年情報を集め,内容を検討し,できる限り多くの職員が出張できる予算を確保しておく必要があります。

　先進的な活動をしている図書館の見学も有効です。目的を定め,場合によってはじっくり実習させてもらうようにするとよいし,交換実習も考えられます。図書館見学にさいしては,相手先の図書館にしっかりした説明役がいることが大切です。見学者がベテランであれば,自主見学も可能でしょうが,その場合でも,できる限り先方には申し込みをしておくことが礼儀というものです。

　集会への参加や見学においては,人との交流が重要で,それを機に人のネットワークをつくれば,業務にも活かしていけるでしょう。

4章 市民と首長への働きかけ

4.1 市民の声を反映する

　図書館の問題を内部だけで議論するのではなく，図書館利用の主体者である住民に問題を投げかけることは大切です。図書館は，住民の必要に合わせて柔軟に対応すべきと考えるからです。図書館と住民の接点は，日常の仕事のなかでも感謝の言葉をいただいたり苦情を寄せられたりと，いろいろあるのですが，図書館法で明示されたものに図書館協議会があり，利用者懇談会を定期的に開いている図書館もあります。

　図書館協議会は図書館法第14〜16条に規定されていて，「図書館の運営に関し館長の諮問に応ずるとともに，図書館の行う図書館奉仕につき，館長に対して意見を述べる機関とする」とされ，「図書館協議会の委員は，学校教育及び社会教育の関係者……並びに学識経験のある者の中から，教育委員会が任命する」ものです。「置くことができる」とされ，その設置については「条例で定めなければならない」ので，置いていない自治体もありますが，住民の意向を反映する機関として，できるだけ置くようにしたいものです。委員を公募したり，会議を傍聴できたり，会議録を公開したり，Web上でも見られるところもありますので，できるだけそうすべ

きでしょう。私は図書館協議会といっしょに図書館を見学したり、他の図書館協議会を案内したりしましたが、いずれの委員も熱心で図書館の発見につながったと思います。

利用者懇談会は法的な組織ではありませんが、図書館協議会のように、条例で設置するとか、委員だけで審議するというのではなく、館長が決断すればできるものです。私も墨田区立八広図書館で何回か開いたことがありますが、そのときは集会施設を利用している人も、図書室を利用している人もいっしょに開いたため、話があっちこっちに行った経験を持っています。どちらの会議も大切でしょうが、議題として集中できるようにしていったほうがよいと思います。佐賀市では、図書館友の会が「図書館員と利用者との意見交流会」を主催して、会議録を会報に載せていました。もちろん、図書館が主催しての懇談会を開いているところもあります。

図書館協議会もなく、利用者懇談会もやっていない図書館もあるようですが、利用者からの意見を電子メールや投書箱などで聞いて回答する、ということは最低必要でしょう。私が見学した図書館のなかでは、図書館からの回答がきちんとされているだけでなく、これまでのものが分厚いノートとして集積され、見学者にも公開されているところがありました。私も自分の住んでいる地域で、図書館に限らず気のついたことはできるだけ首長あてのメールで意見を述べたりしていますが、やはり懇談会のような回路が大切だと思います。

職場の話し合いで、住民、利用者の視点を含め検討しているつもりでも、どうしても職員の視点から抜け切れないことが多いものです。私は40年間図書館員としてやってきましたが、辞めてからというもの、立場の違いがこんなに大きい

ものだと思いませんでした。何しろ，図書館資料の配置から利用の手続きにいたるまで，「どうなっているのだろう」「どうしてこうなっているのか」と，疑問や不思議が出るわ出るわの毎日です。図書館からの掲示などの案内の大切さ，利用者，住民からの視点の大切さをつくづく思います。職場の話題にするだけでなく，住民との話し合いが必要なのです。

4.2 首長と議会と図書館長

　図書館長は議会で質問が出たときには，図書館を理解してもらう好機ととらえ，図書館に関する内外の法規，宣言等を駆使して答えるようにしたいものです。そのためには，自身で勉強することが大切になります。職場の理解，館長会などもっと大きな職場の理解，議会などその自治体での理解，広く世の中の人への図書館への理解を求める努力は際限なく続くでしょう。

　最近，私がデンマークの図書館を見学した際，その自治体の87%の人が図書館を利用していること，2歳になったすべての人に図書館からの招待状を出し，それを持ってきたら本を進呈することを説明され，見学者から感心の声が上がりました。人それぞれの図書館の発見があると私は思っています。したがって，無理解の人はどのような点で理解がないかを知ることが大切です。孫子の兵法にもあるではありませんか。

　たとえば，「受益者負担の原則を図書館に」などという考えが，首長や議会から示されたとしたら，館長は図書館存立の原則に立ち返って考えてみなくてはなりません。無理解から図書館の発展の芽を摘むことは許されません。

図書館とはいったい何なのでしょうか。なぜ無料なのでしょう。図書館は人類の記憶であり，社会の一員として生きていくためにはその記憶が共有されるように，だれもがそれを使いうるために無料なのではないでしょうか。資料や情報を持ち寄り，整え，分かち合う仕組みとでも言ったらよいでしょう。集積・整理された資料・情報を利用するはたらきと集会・交流するはたらきが結びついてこそ，図書館は「学習権を保障する機関」といえるのです。いろいろな論議のなかで，図書館の根元的なとらえ方についての理解がされていけば，図書館はコスモス（宇宙）であり，るつぼであり，有料・無料の問題も含め，受益者負担といった論議にはならないのではないかと思うのです。図書館の本質を見失うことなく，主張すべきは自信を持ってはっきりと主張すべきです。

4.3 職員確保の夢実現まで

　私の佐賀市立図書館での経験を参考に紹介します。
　図書館はすれ違いの多い職場ですが，佐賀市立図書館では木曜日は全員出勤日となっています。木曜日には，いろいろな担当者会などの話し合いが持たれています。私の場合，毎週，係長以上の6人による定例会で決まったことなどをファイルに収めています。議会，教育委員会（定例会は休館日の月曜日）には，副館長や副館長補佐（いずれも管理職）が出席するようになり，私は滅多に出ることはないので，その関係の書類はありません。ただ，館長が懇親会等で行政の人たちや議員と交流することはあり，図書館について話す機会は多くありました。議会が始まる前には各党との勉強会が行わ

れたり，図書館に関する質問の事前通告等に対しては係長会等で相談することもありました。

2000年3月に作成した「佐賀市立図書館整備基本計画」には「今後はこれまでの公民館への分室の設置はもとより，学校図書館との併設や分室よりも規模や機能の大きい分館の設置など地域の事情にあわせた分館・分室の設置を検討すべきである」と書かれていますが，この見直しを行い，図書館としての考えをまとめ主張していくこととしました。

佐賀市立図書館の場合，図書館の三要素としての施設は大きいし，資料費もかなり多かったのですが，職員の少なさがあまりにもアンバランスでした。正職員があまり手当てできなかったため，非常勤嘱託がそれを上回っており，土曜・日曜や夏休みなどは随時，臨時職員を雇い入れ，正職員や嘱託にも休日出勤や超過勤務してもらうなどで何とかやりくりしていました。

図書館員と市民の意見交流会（利用者懇談会）で，「これだけの大図書館を運営していくには，職員の数の確保と質の向上が不可欠，市民がどう行政に働きかけるかにもよる」という意見もあり，「職員数が足りないという認識はあります。市の予算との関係もありますが増員要求は続行中です」と回答しています。開館当初はとりあえずこの人員でということであり，1年以上は経たなければ要求はできないという認識もありました。しかし，正規職員，嘱託職員すべて残業が多く忙しい状況にあり，利用も予想以上に多く，誰が見ても図書館は人が足りないという状況だったと思います。

開館1周年の8月8日の夜，職員や図書館友の会の人たちなどで，ささやかなお祝いの会を開いたとき，私はあいさつ

のなかで「昨晩，私は図書館員が増えた夢を見ました。これが正夢であらんことをと思います」といって，職員・市民に大拍手されたのでしたが，列席した市長がどのように聞かれたかはわかりません。夢は本当のことでした。

　その前後あたりの時期に，県庁所在地および先進地の市立図書館の施設・資料・職員・利用データの比較表を「日本の図書館」をもとにつくり，特に職員1人あたりのいろいろな計数を出して，教育長，助役，市長のところへ持参し，人員増の要望をしました。

　市の一般会計予算が減少しているなかで，図書館予算は，主として人件費により増加したし，かなり多かった資料費も，資料をもっとほしいという市民の声もあっていくらか増加しました。

　利用増はその後も続き，資料整理にかかる職員確保が必要だったので，その次の年も非常勤嘱託については人員増がされました。資料費はいくらか減少したものの，人手がなければいかんともしがたいし，人件費との関係でやむを得なかったと思っています。

　図書館が開館した1996年度の，佐賀市全体予算に占める図書館費は1.13％でした。その後，1997年度は1.07％，1998年度・99年度は1.16％と，ほぼ同じ比率を維持してきました。

　佐賀市全体の予算が減少傾向にあるなかで，市の予算に対する図書館費の比率をみると，図書館は市の灯台的存在ではなかったでしょうか。

5章 「本のある広場」の実践

5.1 文化・集会活動の拠点としての図書館

(1) 文化・集会活動の拠点として

　図書館は本の貸出や調べものをするところでもありますが，それだけでとらえるべきではありません。公共図書館はこの数十年に閉架・閲覧中心から開架・貸出中心へと変わってきて，利用者も多くなり，暗く静かな雰囲気から明るくにぎやかなものになってきています。今では乳母車や車いすで気軽に出入りできるようになりました。顔見知りの人がいればあいさつを交わし，井戸端会議が始まるのも自然なことでしょう。公共図書館は，すべての住民に無料で公開されており，公共施設のなかでもとりわけ開放的なところです。「気軽に語りあえる場」でありながら，「静穏読書室」も持つというように，「静かな場」もあってよいと考えたらどうでしょうか。「ユネスコ公共図書館宣言1972」に「公共図書館は興味を同じくする人びとが集う地域社会の自然な文化センターである」とあるように，人々が集い交流するのも，図書館の自然な，そして大切なはたらきです。

　図書館では，利用者が旅行の本，雑誌，パンフレット，地図を広げながら仲間と相談したり，子育て情報を交換したり，

地域の課題を持ち寄って相談することがよくあります。愛知県田原市の図書館や長崎県の諫早市たらみ図書館のフリースペースは、事前の申込みをしなくても、自由に使える場になっています。東京・大田区立大森南図書館では、集会室と閲覧室の出入り口を別につけて、利用日時に柔軟性を持たせ、住民に鍵を預けるなどの工夫をしています。福岡県苅田町の図書館では、開架室に畳のコーナーなどがあって、自由に使えるようになっています。このような場が用意されている図書館では、旅行の相談、酒徒の勉強会、地域や学校新聞の編集やプロパンガス・スタンド設置に関する勉強会など、住民が各自の課題、地域の課題を持ち寄って多彩な活動を展開しています。

「集会室の提供」は、「資料の提供」と同じように住民から求められているものです。したがって、「資料の提供」と同じように「集会室の提供」を考えたらどうでしょうか。

図書館法制定時、文部省社会教育局長だった西崎恵氏は、図書館は利用者に資料や施設を貸すと解説しています。「図書館の自由に関する宣言」には、「図書館の集会室等は、国民の自主的な学習や創造を援助するために、身近にいつでも利用できる豊富な資料が組織されている場にあるという特徴をもっている。図書館は、集会室等の施設を、営利を目的とする場合を除いて、個人、団体を問わず公平な利用に供する」と書かれています。資料や情報を利用するなかで集会機能が必要になる場合がある一方、集会を実施するときに資料や情報が必要になる場合も多々あります。その意味で、資料や情報が集積されている場での集会機能はきわめて有効だと思います。

なお，利用者のプライバシーについては集会室の提供においても読書と同様，利用者の秘密を守ることが重要です。

(2) 住民の自主的な活動を援助し，行事は要望に基づいて

　地域社会にはさまざまの自主的な文化活動やサークル活動があり，また活動できる場があることによって，自主的な活動が生まれたり育っていったりします。それぞれの地域が抱えている課題を持ち寄って，検討したり解決したりする場として，資料・情報と同時に「場」を持っている図書館はうってつけです。ですから，図書館は地域の人たちの要望に応えていくことが大切です。

　「ユネスコ公共図書館宣言1972」には「学校,成人教育団体,余暇活動団体を含め，その他の教育的，社会的，文化的諸機関，および諸芸術振興関係者と連合しなければならない」とあります。図書館がその地域の要求に沿って，集会・展示のできるスペースや，印刷機・視聴覚機材などの道具を提供し，求めに応じて人的援助もすることにより，地域の活動の拠点になっていくのではないでしょうか。

　図書館で催す行事についても，住民に企画に参加してもらったり，共催したりして，住民の要望に基づいた形で考えるべきでしょう。また，地域の資料を発掘したり，まとめたりするときにも，住民が参加して情報が集積されていけば，地域文化の継承・発展の上で大切なものになることでしょう。

　図書館の集会機能は，従来のように「図書館の集会・行事」が最初にあると考えるのではなく，まず人々が自然に語りあい，情報交換できることから始まり，その交流，発表の場として，要望に基づいて集会・行事が行われる，という構造で

とらえます。

　集会・行事には，図書館主催の場合でもできる限り住民の参加・参画を求めていき，共催・共同事業にも積極的でありたいものです。ここでも，図書館法の「教養，調査研究，レクリエーションに資することを目的とする」（第2条）や「土地の事情及び一般公衆の希望に沿い」（第3条）という考え方を大切にします。このように図書館が集会機能を積極的にとらえていけば，地域の教育・文化活動，まちづくりの拠点になりうるし，地域の活性化にも貢献するでしょう。

　2007年に訪ねた滋賀県東近江市立八日市図書館（旧・八日市市立図書館）の2階では，多くの竹製品が展示され，「竹に関する文化と豆知識」の掲示や「竹とんぼ作りたい人ご自由におとり下さい」のコーナーがつくられていました。たまたま展示に参加した人がいて，「自分がつくったり集めたりしたものを2週間ほど展示しています。若い時分には仕事で，今は趣味としていて，たくさんの人が見にきてくれます。この図書館ではいろいろな展示がされています。こういう場があってよいと思います」と話していました。また，山口県防府市立防府図書館では，歴史の読書グループや図書館関係といったロッカーがあり，そこにある120の書類入れがサークルに貸し出されていて，集会室も用意されています。市民のサークルは30以上あり，図書館まつりのときには100人以上のボランティアの参加があるといいます。

　「ユネスコ学習権宣言」では，「学習権は，人間の生存にとって不可欠な手段である」と書かれています。昔から人間は「語りあい伝えあい」学習し生きてきました。そして，資料・情報が多くなればなるほど，情報交換を含む集会機能もます

ます重要になってきています。

　図書館では,「本と出会う」と同時に「人と出会う」ことが自然に考えられます。「本との出会い」そのものが,人の所産との出会いであり,すなわち「人との出会い」といえます。そこに生身の「人との出会い」が加わる図書館という場は,地域のるつぼといえるでしょう。あいさつし,情報交換し,相談しあう,学びあう,こういったコミュニケーションこそ,地域社会をつくり社会の絆につながる大切なことです。

　佐賀市立図書館の館報『本のある広場』の利用者の投稿欄「私と図書館」から抜粋して紹介します。

　囲碁愛好家の宗壽さんは,「館内はただ書籍を利用するばかりでなく,ビデオで映画を楽しんだり,インターネットに夢中になっている人,あるいは,2階展示ホールで佐賀が生んだ芸術家の作品展に感動,感銘したり」と館内の様子を伝えながら,次のように述べています。

　　できれば囲碁・将棋を通じて,子どもたちの一人一人の個性を磨き,間違いのない思考力,創造力,発想の展開力を身につけこれからの世の中を創っていく青少年が一人でも二人でも育ってくれればこれにこしたことはないでしょう。今の世の中は政治・経済・教育あらゆる分野で限界がきています。まさしく「21世紀維新」を起こし若者にがんばってもらうしか道はなさそうです。五十年後,百年後,三百年後この図書館でいろんなことを学んだことが基盤になり今日の事業を成し遂げたと語る人達が出てくるのは間違いないでしょう。

　「暮らしの中に図書館がある豊かさ」と題して,図書館の本や絵画を借りて「我が家の廊下図書コーナー」や「玄関先

のミニギャラリー」の写真を寄せたHさんは，次のように述べています。

　引っ越しの地にあった図書館，旅先や研修で出かけて行った図書館など，いろんな図書館を見てきましたが，すてきな図書館に出会う度にいつもそこの住民の方を羨ましく思ったものです。でも，佐賀市立図書館ができて，ようやく佐賀に住んでよかった思えるようになりました。今では，よそからのお客様に，市内観光として，柳町の歴史民俗館と市立図書館をセットにしたコースを案内する程です。特に，佐賀ゆかりの人物を紹介する展示は興味深く，子ども連れには，ハイビジョンZOOやシアターも人気があり，喜ばれています。市民として自慢できる図書館を持っていることは，本当にうれしい限りです。もちろん，まだまだ要望はありますが，今後も市民の声を反映しながら，"市民のための図書館"として成長していってほしいと願っています。

5.2 「本のある広場」への胎動

(1)「本のある広場」の兆し

　私の出身地は佐賀県佐賀市です。小さい頃，「三日月のおばあちゃん」という人がいました。佐賀市と隣町の小城町に挟まれた田園地帯を当時三日月村といい，そこからきていたのでみんなにそう呼ばれていました。おばあちゃんはよく囲炉裏端などでお話をしてくれました。小城町のおばさんの家で「三日月のおばあちゃん」が語ってくれたお話のなかで，「かちんちゃぽん，かちんちゃぽん，まだいいおっ！」のく

だりが耳に残っています。最近『三日月の民話』という本にそれらしい文章を発見しましたが,子どもを寝かしつけたりするときの「くりかえし」の話のようです。小城のおばさんは私について「よく押し入れに頭をつっこんで本を読んでいたよ」といっていました。私は本好きな子どもだったようです。

　子どもの頃は貸本屋さんから『少年』などの雑誌を借りたり,家にある本を持ち寄って道路端に並べて読みあったりしたものです。これは「本のある広場」の兆しといえなくもないでしょう。中学時代には,近くの県立図書館から『三国志』などを借りてきて,「燕人張飛これにあり」などと真似たりしていました。国語の先生が給食の時間に,山手樹一郎の『桃太郎侍』を読んでくれたのも楽しい思い出です。高校時代も県立図書館から本を借りていましたが,私の友人も含めて,県立図書館があるので佐賀市には図書館がある,という認識でした。後に図書館について学ぶようになって,佐賀市に市立図書館がないことを意識するようになりました。

(2) 図書館と集会活動へのかかわり

　私が東京・墨田区立あずま図書館で働き始めて3年たった1965年のことです。当時新任の図書館長がPRに積極的なのはよいのですが,新聞等でサークル結成を呼びかけ,職員はサークルの世話役を分担することになり,せっかく伸び始めた貸出が減ったことがありました。その館長が異動して,やがてサークル活動も幕を閉じることになりましたが,集会活動は上から押しつけるものではなく,条件整備が大切だと強く思ったものです。

その頃，東京・国立市の公民館を見学し，職員が「住民のなかに入る」姿勢に感じ入りました。また，いろいろな住民運動に接して，その要求のなかから集会の場がどれほど大切かを思うようになりました。

　1966年，館長の交代を機に「職場の毎朝の話し合い」を始めました。そのなかで仕事の改善に取り組み，1970年には簡単にまわりを囲った「グループ室」12席をつくって貸出を始めました。これはよく利用されました。

　1970年には，東京都の図書館振興対策プロジェクトチーム報告書『図書館政策の課題と対策』が発表されました。この報告書には「図書館は，このような自主的な集まり，集会活動を援助し，このために必要な集会室，資料を提供する」と述べられています。

　また，図書館問題研究会東京支部の『住民の権利としての図書館を』という冊子には「集会の場を」とか，「地方自治の中で，住民の学習する権利を保障する自治体の施設として公共図書館は存在する。……『生存権の文化的側面』という言葉が，この7月の教科書裁判の中で用いられたが，今の状況で図書館にも，この言葉があてはまるように思えるのです」と書かれています。

　杉捷夫氏（当時，東京都立日比谷図書館長）は「革新都政下の公共図書館」という講演で，次のように述べています。

　　［美濃部亮吉］知事のもっておられた図書館に対するイメージというか希望は，図書館がもう少し活発な都民意識の高揚に貢献できるような組織になってほしいということだったと思う。いろんな集会活動などを図書館が積極的にやるようなのが望ましいというふうなことを云っておられ

た。……その後,図書館法を読んでみると,その中には,住民がそういう集会をすることを積極的に奨励しなければならぬということが書いてある。法律にちゃんとそういう規定があるくらいで,図書館が,そういうことをすることが別に行き過ぎとかそういうことではない。ただ,やり方によっては,非常に妙な行き過ぎになる場合がありましょう。……図書館は,住民運動の拠点になるにしても,自発的な住民運動のための拠点になる場合もあるだろうし,ただ,専ら資料的に援助するという段階にとどまる場合もある。正常な都民運動の発展には,ある点まで消極的なかたちで協力する。少なくとも邪魔はしないというものでなくてはならない。過去の図書館は,場合によっては邪魔をしている。当然提供しなくてはならない資料を提供しないというかたちで,邪魔をする場合もありうる。(『新しい図書館の理論をめざして－第2回図問研学校の記録』図書館問題研究会東京支部,1972.4)

その後,図書館の集会機能についての論議は十分だったとはいえないものの,集会室の提供を実践するところも出てきました。「図書館の自由に関する宣言 1979年改訂」には,図書館の集会室等の提供や図書館の集会活動について述べられるようになりました。

(3)「本のある広場」の実践へ

私にとってはやはり,1970年頃からかかわるようになった「赤ちゃん文庫」が,図書館の発見であり原点になります。

1971年8月,東京・足立区の北千住駅前の日ノ出町団地集会所に,団地住民12名による「ひので文庫」ができました。

これが「赤ちゃん文庫」で、利用の登録で最も多かったのは3歳児でした。当初は赤ちゃん絵本を主体に本をそろえ、並べて貸し出すとともに、本を読んであげたり、手づくりや手遊びをしたり、さらには体操をしたりという活動をしていましたが、子どもの成長に応じて収書・分類・サービスのあり方も変化していきました。

こうした文庫の幅広い活動の経験から、「文庫は本のある広場＝図書館」という思いを強く持つことになりました。「図書館は住民の学習権を保障する機関」ととらえ、資料・情報利用機能と集会利用機能の保障をその内容と考えるにいたったのです。

その後、墨田区に新設される地域施設についての論議で、私は、図書館は単一機能でなく総合機能を持つもので、「図書館は何でもできる」と主張しました。その結果、1980年に開館した墨田区立八広図書館は「図書館は本のある広場です」を標榜することになりました。当時出版された『コスモス　COSMOS』（カール・セーガン著、木村繁訳、朝日新聞社、1980）では、「宇宙＝図書館」と考えられていましたし、裏田武夫東京大学教授の言「インドネシアでは図書館を直訳すれば『本のある庭』という」も、私の思いを裏づけています。

本との出会いはとりもなおさず人との出会いでもあるし、生身の人との出会いもあって「図書館」ということになります。「すべての図書館が情報と思想のひろば」という言葉がアメリカ図書館協会の「図書館の権利宣言」に出てきますが、図書館での実践を通じて、図書館は「人と人との交流のひろば」でもあると考えるようになりました。

(4) 墨田区立八広図書館はこんなところ

　八広図書館は「本との出会い，人との出会い，図書館は本のある広場です」を掲げた図書館です。玄関を入ったロビーには，「掲示の広場」という掲示板があり，囲碁・将棋・チェスなどもできるし，利用者などの作品を展示しています。ウォータークーラーや湯茶のセルフサービスもあります。ロビーの左側が図書室，右側が集会室という簡単な構造で，図書館のドアを閉めた状態でも集会室の利用はできるようになっています。

　図書室は，一般書コーナー，児童書コーナー，雑誌・視聴覚コーナーに大別され，ベンチ，椅子，机，カーペットなどが点在しています。集会施設の方は，ホール，和室，板の間，印刷室，湯沸室などとなっています。卓球台，ピアノもあって，会合，美術，音楽，スポーツ，手芸等，大勢の方に多彩に利用されています。それらは1人からでも無料で利用できます。

　八広図書館を『図書館テキスト』（特別区職員研修所，1986）から紹介しましょう。

集会室の利用案内－談話や交流の場に幅広く－

■談話のためのロビー，卓球・映画会・展示会・各種会合など幅広く使えるホール，囲碁・将棋・チェス・マッサージ機などもある和室，ステレオもあって，おどりのできる板の間もあり，憩い，趣味，学習，交流など幅広くご利用いただけます。
　印刷室，湯沸室などもあります。

■利用は無料ですが，営利には使えません。
　貸し切り利用については1ヶ月前から予約を受けます。

玄関 →

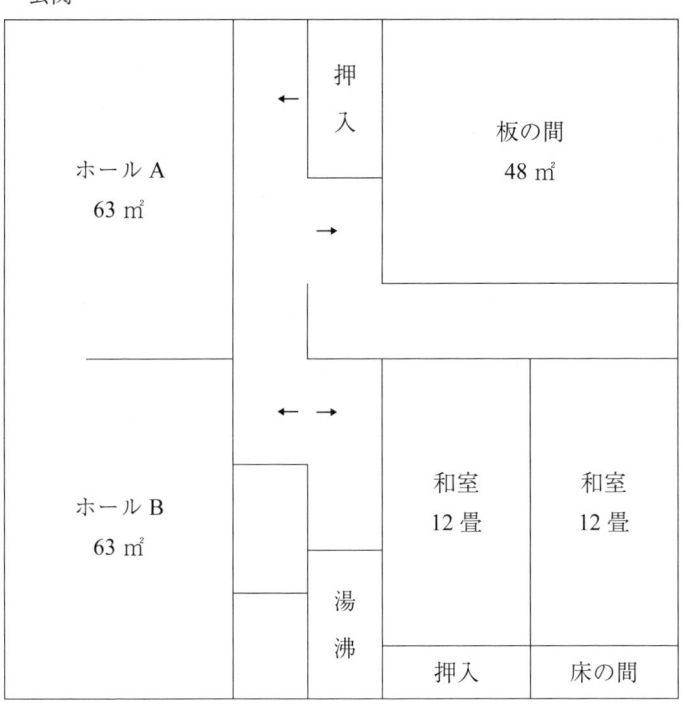

```
┌─────────────┬───┬───┬─────────┐
│             │   │押 │         │
│             │ ← │入 │  板の間  │
│   ホールA    │   │   │  48 ㎡  │
│   63 ㎡     ├───┴───┤         │
│             │   →   │         │
│             │       └─────────┤
├─────────────┤                 │
│             │← →              │
│             ├───┬───┬─────────┤
│             │   │   │ 和室 │和室│
│   ホールB   │   │   │ 12畳 │12畳│
│   63 ㎡    │   │湯 │      │   │
│             │   │沸 ├──────┼───┤
│             │   │   │ 押入 │床の間│
└─────────────┴───┴───┴──────┴───┘
```

ある日の集会利用

◎貸し切り利用

　ホール　15:00～16:00　お楽しみ会の練習　16人　小学生　いす
　（一室）
　　　　　19:00～21:00　ジャズダンス　　　15人
　和　室　 9:30～12:00　ヨガ　　　　　　　10人　ラジカセ
　　　　　13:30～16:00　原稿書き　　　　　 7人　机　座布団

5章　「本のある広場」の実践………57

		（一室）			
	14:30 ～ 17:00	話し合い	15 人	机　座布団
		（一室）			茶器一式
	15:00 ～ 16:00	勉強	3 人	机　中学生
	16:00 ～ 17:00	勉強	2 人	机　中学生
	18:00 ～ 21:00	ミュージカル練習	17 人	
板の間	9:15 ～ 11:30	造花を作る	7 人	机　座布団
	12:00 ～ 16:00	舞研究	6 人	プレイヤー
	16:00 ～ 17:00	お楽しみ会の練習	13 人	小学生　机
	19:00 ～ 21:00	踊り	6 人	プレイヤー
小　計		12 件	117 人	

◎共同利用

ホール	15:00 ～ 16:00	卓球	2 人
	17:00 ～ 18:00	卓球	16 人
	18:00 ～ 19:00	卓球	2 人

ロビー　囲碁　4 人　将棋　18 人　チェス　4 人　オセロ　8 人

◎図書室関係

登録者　10 人　貸出冊数　799 冊（一般 446 冊　児童 219 冊　視聴覚 49 点　雑誌 85 冊）　お話しタイム　7 人

　八広図書館の場合はコンパクトにまとまっていましたが，資料の保管場所，楽器などの大きな音が出せるスタジオ，食事のできる場所などもあれば，とも思います。

　八広図書館が利用者にどのように受け入れられたかについて，開館 10 周年記念誌『出会い』に寄せられた原稿を抜粋して紹介します。

　　この十年間に八広図書館が独自の方針で地域文化の発展

に貢献してきたことは疑いのないことです。また，利用者である私の個人的な図書館とのかかわりを考えてみますと，生活面でも仕事の上でも大いに利用させて頂きました。……私達の町の身近な所に図書館があるという，それだけでも心に豊かさを覚える充実感は人間として生れてきて金銭に換え難い精神的な幸福感を満たしてくれる場として，その存在価値は実に大きいといえます。

5.3 八広図書館長としての実践

　私は1980年10月1日に開館した墨田区立八広図書館長の辞令を受けました。1962年，墨田区で3館目のあずま図書館開館準備から働きはじめ，当時館長は3館とも課長級で並立していました。それから18年，立花，八広と一挙に2館増え，新館の図書館長は係長級ということで，準備担当主査の私が八広図書館長となり，それより3か月あまり早く開館した立花図書館（当初，八広と同時に私が準備担当であった）は，別の主査が図書館長となりました。それから間もなく旧来の緑図書館，寺島図書館も館長は係長級となり，あずま図書館のみが課長級の図書館として中心館的機能を持つ「特定館」と呼ばれ，その他の館を「一般館」といい，一般館長の上司は特定館の館長ということになりました。

　特定館長は，図書館組織全体として指揮監督し，図書館の方針，文書，予算，人事の権限を持ち，議会や課長会への出席もあります。一般館長は，それぞれの館の職員の事務分担を決め，出張・時間外勤務・休暇等に関することを含め職員の指揮監督にあたります。予算の執行は管理職である中心館

墨田区立八広図書館　事務分担表　1995.4　◎責任者　○担当者　※補助　( ) 部門統括者

			職員A	職員B	職員C	職員D	職員E
	開館準備・配架等（整理表参照）カウンター表　集会受付	80	○	○	○	○	○
窓口	カウンター（視聴覚資料・雑誌等の返却・整理含む）・相談	360	○	○	○	○	○
奉仕	対象別	一般サービス・高齢者サービス・外国人サービス（PR, 相談含む）（注1）	25			※		
		ヤングアダルトサービス（ヤングぴっと含む）（PR, 相談含む）	20		※			※
		こどもサービス（文庫援助・フロアーワーク）（PR, 相談含む）（注2）	45		◎			
		障害者サービス（PR, 相談含む）	40				◎	○
	部門別	窓口（消耗品・利用者入力・延滞・事故・遺失物等）（注3）	40	○		※	○	
		リクエスト・協力（予約情報調べ含む）（注4）	50					○
		集会利用援助	15		※			◎
		対外活動・懇談会・講演会	40		※			
		ぴっと新聞	30	○	※			
		映画会	20		※			
電算システム（OA電算組替資料全般含む）		20	※		※		○
資料	選定	事務局（注5）	60	※				
		会議	80	○	○	○	○	○
	資料構成	図書	一般（0〜58・6・郷土・行政・地図（発注・分類・更新・巡回・整理含む、以下同）（注6）	50					○
			一般（8〜9・ヤング・文庫・まんが）（注7）	40	◎				※
			一般（59・7）（注8）	25					
			こども・外国語資料（注9）	30	○				
		AV（カセット・レコード・CD・ビデオ等）	30	※		※		○
	分類調整	雑誌・新聞・電話帳・パンフ・（主題の不確定なもの）（注10）	55					
庶務	経理（予算・決算）（注11）		50			○		
	物品管理		25				※	
	施設管理（空調・植木・外回り含む）		20					※
	人事・福利（注12）		25				○	※
	文書・掲示・統計・調査（注13）		40	◎		○		
研究会等	墨田区（館長会・資料・電算・障害者・児童）	65		児童	障害		電算
	江東ブロック（図書館協議会・児童・雑誌・障害者）			児童			
	東公園（館長協議会・児童・郷土資料・障害者・参考事務・貸出）				障害		

共同作業　窓口援助，書架戻し，電話，交換便処理，リクエスト連絡，文庫配本・回収，行事準備・後片付け，検収

- 注1　＜外国人サービス＞職員H・C
- 注2　＜手づくりタイム＞ポスター・チラシ・材料準備−非常勤B　＜テーマ本＞職員B　＜文庫・団体＞職員B
- 注3　＜事故＞職員A　＜督促＞非常勤D　＜消耗品・遺失物＞職員C・J　＜利用者登録＞職員D
- 注4　＜未所蔵チェック・購入＞職員H・G　＜受入＞職員E・L　＜相互貸借＞職員E・K　＜雑誌＞職員H　＜統計＞職員K・L　＜WANTED調査・東公図関係＞職員H
- 注5　＜選定準備＞職員I・A　＜持込資料・現物選定＞職員G　＜除籍・寄贈等の選定＞職員E・A・K・非常勤B・E　＜寄贈受付・目録整理・調査＞非常勤C・職員H　＜検収＞職員A　＜除籍等決定後＞非常勤D・職員A
- 注6　＜0〜28＞職員E　＜3〜58（480.7除）＞職員K　＜480.7および6＞非常勤D　＜29・地図＞職員L　＜郷土・行政＞職員J

60

数字は事業量（全体で約17人分）　全体統括　千葉　補佐　矢代

職員F	職員G	職員H	職員I	職員J	職員K	職員L	非常勤A	非常勤B	非常勤C	非常勤D	非常勤E	集バ	土日バ	夜バ	シルバー
集会	○	○	表	○	○	集会	○	○	○	○	○	集会	配架	配架	集会
相談	相談		相談	相談	○	○		○	○	○	○				
		※	○			※									
								○							
	○						○				※				
※				○	※										
				※						※					
	○	◎			○	○						○	※		○
						○									
◎	※					※									
				◎		※									
			○												
○	※	○	◎						※	※					
◎	○	○	○	○	○	○		○	○	○					
			○	○	○	○	※			○		※	※	※	
									○			※	※	※	
			○								◎	※	※	※	
○						◎						※	※	※	
							※					※			
	○		※			※			○	○	※				
	◎				○										
					○				※						
					○				※						
					◎										
	○	※				※									
注14	あ		資料	あ											
館長		児童													

注7　＜8・9（数字）・岩波新書（59・7を除く数字）＞職員C　＜9（読み物）＞職員A　＜ヤング・文庫（読み物）・岩波文庫＞非常勤C　＜ヤング補助・まんが＞職員E
注8　＜59＞非常勤E　＜7＞職員I
注9　＜絵本・紙芝居・外国語＞職員H　＜読み物＞非常勤B　＜0～8・科学絵本＞職員B　＜電算入力＞非常勤B
注10　＜電話帳・寄贈受入・廃棄・書庫入＞非常勤D　＜新聞等管理＞職員A・非常勤E　＜パンフ＞職員A・非常勤D　＜リクエスト・カウンター雑誌管理＞職員H
注11　＜事業費＞職員G・D　＜管理＞職員K　＜一般事務＞職員G・K・D　＜予算・決算＞職員G・K　＜雑＞職員D
注12　＜旅費・シルバー＞職員E　＜報酬・賃金・労務＞職員L　＜出勤簿・超勤＞職員D
注13　＜文書・掲示＞職員B・H・I　＜統計＞職員C　＜調査＞職員L
注14　館長会・資料委員会・あり方検討委員会

の館長にあり，金額によってはその上司となるのですが，資料の選定等の日常業務は通常，一般館長にまかせられています。もちろん図書館施設の維持管理・用品の購入等も同様です。その図書館を代表して，文書の往復や対外活動にあたるのです。

前ページに掲げたのは，1995年度，八広図書館長としての最終年度の事務分担表で，図書館長の分担は次のとおりです（カッコ内は割合）。

・図書館の方針を決め，職場集団を動かしていく。館を代表し，全体をとりまとめる（20%）。
・開館前の準備時に，担当者が受け付けた集会室の申込と前日の利用の確認・集計をする（5%）。
・奉仕関係では，対外的な活動が主で，利用者懇談会や講演会の企画・実施にあたること。図書館の宣伝，広報があげられる（15%）。
・資料関係では，図書館資料の選定会議の議長を務め，除籍・寄贈等の選定にあたる（20%）。
・研究会等では，墨田区立図書館の館長会・資料委員会・ありかた検討委員会に参加し，東京都公立図書館長協議会に出席する。日本図書館協会の役員や委員への参加もあった（20%）。
・窓口，カウンターでは，主として相談業務について他の職員と分担して行う（20%）。

5.4 佐賀市立図書館長を引き受ける

1995年の8月下旬，私は友人たちと信州方面を旅行して

いました。帰ってみると，何回も佐賀市の東京事務所から訪問・電話があったとのこと，早速連絡してみると，市長がすぐ会いたいとのことです。何のことだろうと，残暑厳しい折から，多分ひらひらのシャツに下駄履きで出かけていったと記憶しています。そこで「墨田区を退職して佐賀市へ，非常勤で」という話が単刀直入に出されたのでした。

　その後，質疑や要望等のやりとりをして，承諾の便りを出したのは1か月後でした。佐賀市はその年の11月28日に各新聞社に対し，市立図書館長に私が内定した旨発表しました。

　私が佐賀市立図書館長を引き受けるにあたって，考えなければならないことがいくつかありました。まず，図書館長も図書館員もできるだけ正規で，というのが私の考えであったし，できるだけ司書を多くしてほしいという希望がありました。すると，私の後にふさわしい人がいれば正規の図書館長を考えてもよいが，今のところそのような人が見当たらないといった返事が返ってきました。

　そして，私の任期・権限はどうなのか。引き受けるとすれば佐賀市に単身赴任することになるし，東京で毎月図書館関係の会議にかかわっているのでその往復の問題もあるし，また待遇等についても気になることでした。私の任期については当初4年を目処とされていましたが，1年更新としました。東京との往復旅費については佐賀市が保障し，住宅についても国家公務員並みの費用を確保するという条件が提示されました。勤務は週4日，報酬は佐賀市文化会館長と同じとのことでした。

　私からは職員の問題について質問し，経験ある司書の選考採用を要望した上で，1996年3月頃着任ということで受け

ることにしました。

　図書館の職制については，教育委員会の課規模の教育機関として位置づけること，館長の権限については図書館の計画・企画，方針決定，予算，支出負担行為に関する事項は館長専決で，職員の超過勤務命令，旅行命令，休暇等に関する事項は副館長専決ということでした。予算交渉については，予算査定に出席することは可能であること，議会の本会議には部長しか出られないが，委員会には出席することができるとのことでした。

　その後のいろいろな会議に参事兼副館長が出席するので，館長と2人で出ることもあるまいとのことで，特に要請されること以外には出席しないようになってしまいましたが，これでよかったかどうか。

　職員の採用に関しては，『図書館雑誌』1996年1月号「こくばん」に，「佐賀市立図書館司書採用試験」の見出しで，「①採用予定人員　3名程度，②受験資格　昭和40年4月2日以降生まれたもの（30歳以下）　司書有資格者　公立図書館に3年以上の勤務経験者（嘱託職員としての勤務を含む）以上の3つの用件を満たす者」という募集記事が出ました。私が要望していたことがかなえられたと思っています。

　1996年3月，私は佐賀市議会の文教委員会で館長就任のあいさつをしました。記者会見では，私の持論である「本のある広場としての図書館づくり」について，「真理と愛情を基本にした本の広場を育てる」，「図書館を生活の場として考えたい。利用者が一日過ごせるような図書館にしたい」，「当面は佐賀の町を歩き，町の事情やみなさんの要望を聞いて回ろうと思っています」などと述べました。

5.5 佐賀市立図書館開館にあたって

　図書館を始めるにあたっては，どのように運営していくか，どのように宣伝していくか，図書館の三要素である施設，資料，職員のそれぞれの準備が調っているかどうかの点検が必要です。また，開館前の見学会などは，利用者の目からの指摘が参考になるし，図書館の宣伝にも効果的です。

　佐賀市の場合，私が着任したときにはおおかたのレールは敷かれていました。図書館条例・規則は定められており，市報では図書館の宣伝が続けられ，開館日に向かって半年前から図書館カードの申込みを受け付けるなど，準備は着々とすすめられていました。新聞・テレビ等も新設の図書館についての記事をよく載せたし，ケーブルテレビでは図書館がスポンサーになって，「佐賀市立図書館だより」を毎週放送していました。公民館にある図書室を図書館分室第1号として，3年前から運営していたのも，図書館のノウハウを知るために役に立ちました。70㎡の図書室で年間12万冊貸し出していたのだから立派というほかはないのですが，この小ささが先例となって，以後の分室の規模も同じになってしまいます。

　開館にいたる職員体制はというと，1991年4月に図書館建設準備担当が文化課におかれ，6月には市立図書館懇話会が設置されました。1992年4月には生涯学習課内の室として建設準備室が設置され，生涯学習課長，準備室長，主査，嘱託2人（その後3人），それに事務吏員が加わって準備にあたりました。1993年4月，準備室が図書館開設室（課クラス）となり，開設室長，室長補佐，主査2人，事務吏員2人，嘱託5人が配置されました。私が図書館長に着任した96年

3月には職員15人（うち嘱託7人）と兼務・併任職員が3人の体制となりました。さらに4月には，館長（司書），副館長，副館長補佐，係長3人（司書1人），主査，司書3人，事務吏員6人（司書1人），嘱託17人（司書14人，司書教諭2人）の体制を整え，8月8日の開館を迎えたことになります。

(1) 施設の改善とミーティング

子ども文庫の方から，子どもの書架の照明の一部が暗いこと，ギャラリーの回廊の柵の構造が，子どもが足をかけそうで危険などの指摘があり，開館直前に改善できました。デザインだけで考えると，そういった穴に落ち込むことがあるので要注意です。車いすの駐車場からのスロープが遠回りだとの指摘には，開館後の工事で対応せざるを得ませんでした。

『図書館雑誌』1998年7月号の冒頭に，佐賀市立図書館の毎朝のミーティングの写真が紹介されています。あずま図書館，八広図書館の頃から続けてきたものです。開館前の準備期から，毎朝8時35分になると，2階の事務室に職員・嘱託・臨時・実習生等集まって報告，打ち合わせを始めました。司会と記録は交代で，参加できなかった者はノートを見ればよいようにしました。庶務係，サービス1係，サービス2係，館長の順に「何かありませんか」ときて，最後にカウンターノートから読み上げるといった具合です。もちろん，だれでも発言できますが，書架整理が待っているので，たいていは10～20分程度で終わることにして，課題等については別の検討に委ねるようにしていました。

(2) 集会室の利用案内作成へ

　佐賀市立図書館の場合は，談話・飲食や囲碁・将棋のスペースをつくったり，ボランティア室を設けたり，文庫や図書館友の会の援助をしたりしましたが，「各種会合など幅広く使える場」にはいたりませんでした。たとえば「図書館まつり」については，7月初旬の「文庫まつり」から8月末の「自由研究のまとめ」まで行事が目白押しです。そのように年中通してなにかしら行事がある状態だったので，開館してしばらくは市民が自主的に使える行事の場にならないのはやむを得ないのだ，という雰囲気が続きました。やがて予算が縮小されて行事も減少していきました。そこで，係長会議で数か月検討して，集会施設の運営要領と利用案内を作成しました（資料編に収録）。

(3) 開館2週間前にしたこと

　開館2週間前に，以下の項目を分担し，できる限り対応することとしました。
・運営方針をつくり，「図書館の自由に関する宣言」と一緒に玄関に掲示した。
・ランガナタンの「図書館学の5法則」を図書館員の働く場所に掲示した。
・ボランティアの受け入れについて成文化した。
・「図書館のイメージチェンジ」ということで職員研修を行った。
・2階書架を，集密書架を除いて開架にして運営していくことにした。
・書架見出しなどをできるだけていねいに作成するよう指示

した。
・1階エントランスホールと屋外読書室と，2階ロビー東での飲食は認めることとした。
・全館の建物内は禁煙にした。東西玄関外・屋外読書室・東バルコニーは喫煙可とした。

(4) 開館式典

開館式典の日程は下記のとおりです。
式典　平成8年8月8日　場所　佐賀市立図書館
主催　佐賀市・佐賀市教育委員会
受付　9時20分～9時50分　テープカット　10時
開館記念式典　10時20分～11時10分
開式の辞　市長式辞　議長あいさつ　来賓祝辞　市立図書館紹介　祝電披露　閉式の辞
姉妹図書館締結式　11時10分～11時30分
　開式の辞　盟約書の朗読　締結式　両館長あいさつ　アトラクション　閉式の辞

私が用意した開館式の市長あいさつ原稿を下記にあげます。市長は手を入れられたようですが，テレビによると，「あかちゃん，お年寄り，からだの不自由な方，みなさんひとりひとりに，血の通った図書館サービスをと願っているわけであります」，「この図書館が地域の活力の源泉になるために市民の皆様に使いこなしてもらうことが大切です」などといわれていました。

佐賀市立図書館開館式　市長あいさつ

　本日ここに，佐賀市立図書館を始める式典を行うにあた

り，ひと言ごあいさつ申し上げます。この開館にあたり，暖かいご理解とご支援を頂きましたご来賓の皆様方をはじめ，関係各位，市民の皆様に対し，心から感謝を申し上げます。また，姉妹都市グレンズフォールズ市のディサントス市長を始めとする皆様のご出席をいただき，ありがとうございます。市民の皆様が快適に過ごせる空間，楽しんだり創作できる設備，15万冊の図書，500タイトルの雑誌，7,000点に及ぶ視聴覚資料等の資料，親切で意欲のある職員をそろえ，図書館サービスを始めるはこびとなりました。あかちゃん，お年寄り，からだの不自由な方，みなさんひとりひとりに，血の通った図書館サービスをと願っています。この図書館は，本，雑誌などの読む資料に加え，視る，聴く資料，CD-ROMやハイビジョンなど，マルチメディア情報センターでもあります。また，自動車図書館の基地でもあり，開成，金立の図書室，学校等関係機関，さらに全国の図書館組織網と連携して，市民の皆様のご要望に応えるものです。この図書館は，知る自由を保障し，市民と共に育てる視点で運営し，本のある広場として，地域の頭脳，市民の活力の源泉となり，市民相互の交流，地域の文化環境の向上に資することを期待します。そのためには，市民の皆様が十分に使いこなして頂き，資料の充実と共に，図書館員の力量が蓄積され発揮されることが大切です。さらに，資料・情報を受けるだけでなく，創り出していくことを含め，市民の皆様の図書館活動への積極的な参加，ご協力をお願いしたいと思います。「図書館は成長する有機体である」といわれますが，佐賀市立図書館がどんどんどんの森とともに，末広がりに成長・発展していくことを念

願し，ごあいさつといたします。
　　　　　　　　平成8年8月8日　佐賀市長　西村　正俊

　佐賀市立図書館開館にあわせて，アメリカの姉妹都市の図書館と姉妹図書館盟約をすることになり，姉妹都市の市長や図書館長の出席のもと，姉妹図書館締結式が行われました。「姉妹図書館盟約書」と佐賀市立図書館の建設までの経過は，資料編に収録しています。

(5) 館長蔵書箱内資料より
　館長室にある蔵書箱には，「佐賀市図書館情報ネットワーク形成事業」推進計画書など，佐賀市立図書館設立にいたる経過等の資料があります。

　佐賀市立図書館の設立経過をみると，ソフトの面では「懇話会」があり，土地の面では大和紡績工場跡地の買収があり，資金の面で「佐賀市図書館情報ネットワーク形成事業」が自治省（当時）より平成3年度指定リーディング・プロジェクト（地域情報化対策）事業の指定を受け，有利な起債が認められたのが大きかったといえます。もっとも図書館として建てられるのだろうかという論議もされたようで，結局は独立の図書館でよいということになったという経過等を後で聞きました。土地の買収に関してもいろいろな事情があったようです。資料を集めるだけでなく，いろいろな人から話を聞くこともまた大切なことだと痛感します。

(6) 佐賀市立図書館がほしい市民の熱い声
　佐賀市は，九州北部の福岡県と長崎県に挟まれた佐賀県の

中で東寄りに位置する県庁所在都市です。「米づくり日本一」になったほどの穀倉地帯であり，総延長 2,000km に及ぶクリークが縦横にめぐらされ，城下町の路地や田園の平坦な土地を自転車で走りまわったのが，私の高校時代頃までの思い出です。

佐賀市には長い間，市立図書館がありませんでした。この市にぜひ図書館を，という住民たちが集って「佐賀の図書館を考える会」が 1980 年 10 月に発足し，2001 年 11 月，『佐賀市立図書館ができるまで－住民運動面より観た経過と総括－』という冊子を残して解散しました。

佐賀市立図書館報『本のある広場』49 号に掲載された Y さんの文章「佐賀の図書館を考える会，ア・ラ・カルト」から抜粋します。

さて，今日私どもの手元には，事務局長を中心にして編集著作した『こんな佐賀市立図書館を』と題する手造りの二冊の小冊子があります。この冊子は，市民レベルで『こんな図書館を』と要望・提言のために，苦労を重ねて作成したものです。その I は，サブタイトルが『20 年の長期計画で』とありますように，21 世紀に向けて合理性のあるシステムとして，市民が望む図書館像を示し，明日の文化都市佐賀をイメージした冊子です。……経費は市財政の 2％以上，専門職制度を導入し，職員は委託ではなく，正規職員とします。その II は，サブタイトルが『すべての市民が利用できるために』とありますように，当時の市長発言『日本一の図書館～全市民のために』を受けて，具体的にサービス内容を提起し，市民の中に躍動する図書館を活写したものです。それ故に，サービスの基本となる資料と

して，『図書館法』『図書館の自由に関する宣言』『図書館員の倫理綱領』『ユネスコ公共図書館宣言』などを，付録としてつけております。具体的内容にふれれば，そのⅠでは公民館を取りあげましたが，そのⅡでは学校図書室を取りあげています。また，各年令層へのサービスの在り方や障害者・老人ホーム・病院へのサービス，月曜休日の市民のためへの配慮を初め，手話で案内できる職員の配置に至るまで，さまざまなサービスの必要性を訴えています。分館についてはハード，ソフト両面より項目別に解説も加えています。いずれにせよ，日本一を目指した図書館行政が，市民こそ主人公の立場より，さらなる発展するよう努めて戴きたいものです。石津節子さんの逝去を悼み，拙文を奏した次第です。

文中に出てくる石津節子さんは，「佐賀の図書館を考える会」の事務局長であり，会からの代表として佐賀市立図書館懇話会の委員もなさっていました。

このような市民の熱い声のなかで，市長選挙で図書館建設が議論に出され，その後基本構想から10年近くたって佐賀市立図書館は開館にいたりました。この経過は準備室等で克明に記録しており，その年譜は館長としてきちんと把握すべきものであると思っています。

佐賀市の場合，とにかく市民の熱い声，期待が強く感じられたので，図書館を運営するにあたって「市民と共に育つ」という視点を取り入れました。図書館の手伝いをしたいという市民の声を受けて「ボランティアとしての受け入れについて」の基準をつくったり，実際ボランティアとして参加している人の声を聞いたりした上に，これまでの私の経験等を生

かしながら，図書館規則の運用方針をつくっていきました。

　実際に建物ができてみると，建築の途中でBPS（Book Protection System, BDS: Book Detection System ともいわれる）を導入することになったために，動線が不自由なものになりました。また，2階の集会室をボランティアに使ってもらうようにしましたが，もっと利用者の行き来のあるところにはじめから用意すればよかったと思います。

　そういったことはありましたが，『建築ジャーナル』の特集「これからの公共図書館－図書館がまちを変える」（2000.7）に「ざっくばらんな大規模図書館」として紹介されました。少し引用してみましょう。

　　館長の方針が建物に染み出すのか，設計の力なのか，多少子どもが騒いだとしても白い目で見られることのないような，大人も子どもも分けへだてない，規制されない自由な空間を体現している。佐賀市の人口は16万5千人。98年度で市民の42.6％が利用登録をし，市民1人あたり年間11.4冊の貸し出しをしている。入館者は平日で1日3千人，土日で4～5千人。

　私が館長を辞めた2002年度の統計では，登録者は市民の5割を超え，1日1万冊の貸出，借りる人と同じくらいの館内利用者数の多さでした。

　さて，佐賀市立図書館建設の財源として地方債を使っていますが，『地方債月報　31』（財団法人地方債協会発行）から少し見てみましょう。標題は「佐賀市立図書館」で，A4判2ページ，内容は佐賀市の概要，佐賀市の歴史，佐賀市立図書館の沿革，佐賀市立図書館の建物の特色，佐賀市立図書館の楽しみ方，佐賀市立図書館の利用について，といった項目で

す。その「さいごに」の部分を紹介します。

　佐賀市には，佐賀市立図書館の他に県立図書館などがある。市立図書館は，一般的にイメージされる専門図書等を利用した学術研究というものとは違い，まさに佐賀市民の交流の拠点というものであった。そのような意味においては,これまでの図書館のイメージを一新させるものであり，これからの図書館の一つの姿という印象をもつと同時に，複数アミューズメント施設のような印象を受けた。平日の取材にもかかわらず，休日を思わせるような来館者の多さが目立った。一方で，必ずしも高度専門分野に対応した蔵書とはなっていないものの，県立図書館との機能分化という点では成功を収めている事例といえよう。あらゆるジャンルの刊行物などを備える斬新な図書館として，また佐賀市民の交流の場として，大いに活躍されんことを希望してやまない。(取材日：2000 年 10 月 19 日)

開館 4 年後の図書館の状況を，的確に表現している記事だと思います。

「図書館を友とする会・さが」の 2007 年度総会のお知らせには，次の文章があります。

　11 年前(1996 年)に佐賀市立図書館が開館しました。今,私たちは当たり前のように見たい本や資料がいつでも手に入ります。予約やリクエストも出来ます。「児童カウンター」や，わからない時は「調べ物カウンター」で相談も出来ます。しかし，規制緩和，自治体の財政難から民間委託，指定管理者制度導入など次々と図書館を取り巻く状況は変化しています。私たち市民の図書館が，より良い方向へ育っていくためにはどうしたら良いか,皆で考えあいましょう。

まさに，図書館は「市民と共に育つ」です。

5.6 全国の図書館をめぐって

　私が図書館で働くようになった 1960 年代は，東京都公立図書館長協議会（東公図）視聴覚研究会や参考事務連絡会等，お互いの図書館を会場にしながら，見学しながらの会合が多くありました。また，全国研究集会に参加して国立国会図書館の「真理がわれらを自由にする」に感心したりしました。それぞれが刺激しあって，閉架から開架へ，館内閲覧中心から館外貸出へ，といった図書館サービス胎動期ともいえる時期でした。

　やがて，図書館関係の全国大会のついでに見学する図書館も広がっていきました。図書館見学を強く意識して行うようになったのは，1980 年の墨田区立八広図書館開館準備の時期からです。ビデオ撮影を始めたのは 1992 年 8 月，同じく八広図書館にいた頃からになります。1996 年 3 月にわが出生地である佐賀市立図書館の開館準備にかかわったことをきっかけに，全国各地の図書館を訪れる機会も多くなりました。

　ビデオ撮影した図書館は，私が館長であった墨田区立八広図書館や佐賀市立図書館が多いのは当然ですが，撮影を始めたところで印象に残っているのは，福岡県苅田町立図書館，埼玉県朝霞市立図書館であり，続いて滋賀県八日市市立図書館（現・東近江市）と千葉県市川市中央図書館です。

　苅田町立図書館は，本館の館内外とも「本のある広場」を標榜しているだけの雰囲気を持っていて，案内してくれた館長が，集会室の利用対象は「図書館活動に関連がある」とい

いつつ「どのような活動も図書館活動に関連がある」と語っていたのが印象的でした。公民館にある図書館分室では，職員の一人が本館に手伝いに行っていて残り一人しかいないのにもかかわらず，貸出，返却，相談の窓口がそれぞれに用意されていたのには感心しました。

　朝霞市立図書館も，くつろいだ雰囲気を持った雑誌コーナーが中央に広くとられていて，湯茶の設備もあり，お弁当も使えて，滞在型の図書館なとどいわれたものです。ティーンズコーナーがあって，青年の主張等をまとめて冊子にする活動をしています。住民が参加する図書館まつりもあります。私のビデオには，窓口の近くの壁にかけてある鬼の面に，子どもと館長が球をぶつけて，面が倒れて「参った」の字が現れるという場面があります。

　八日市市立図書館では，開館10年を記念して2階につくられた自然と環境のコーナー「風倒木」が気に入りました。もちろん1階の配架や分類の研究も参考になるし，きめ細かい見出しや，ゴリラのぬいぐるみが配置されている風景もよい雰囲気です。「風倒木」では，環境関係の資料を集めており，地域の作家によるカップをメニューから選んで，無農薬コーヒーが100円で飲めます。ブックリサイクルを常時行っており，委託された地域のグループの担当者が館長といっしょに，持ち込まれた資料を的確に目利きしているふうなのには感心しました。

　市川市中央図書館はいち早くブック・ディテクション・システム（BDS）をとりいれ，その影響で佐賀市立図書館が建築途上で，BPSを導入するようになったとのことです。相談窓口など各窓口や各コーナー，貸出手続き法など随所に工夫

がみられるし，図書館員の身なりから図書館友の会への取り組みまで，図書館長が熱く語っているのがビデオでうかがえます。

そのほか，各地で最近撮影した図書館を紹介します。

博物館等との併設を巧みにとりいれた滋賀県能登川町立図書館（現・東近江市立能登川図書館）は，面展示ができるように工夫された書架が並び，水車や水の流れのある広い敷地もあり，文字通り「癒し」の空間といってよいでしょう。

滋賀県愛知川町立図書館（現・愛荘町立愛知川図書館）は，地域の文化財「びんてまりの館」を持ち，外国籍の人たちへのコーナーを設け，「町おこしカード」や住民の図書館・博物館への案内資料を整備し，住民参加を促す行事にも意欲をみせています。

AV資料の返却ポストがあり，人工膀胱・肛門所持者用のオストメイトや，太陽光発電装置も設置されている滋賀県日野町立図書館は，採光の面で優れています。

市民活動のために自由に使えるフリースペースが用意されている愛知県田原町図書館（現・田原市）には，コーヒーなど注文したものの受け渡し口があって，雑誌などが読める「くつろぎコーナー」を設置しています。また，地域を4コースで巡回して利用者を運ぶ「ぐるりんばす」があります。

長崎県のたらみ図書館（現・諫早市立たらみ図書館）は，「ペーロン競争」（ペーロンと呼ばれる船を漕いで競う）の見られる海に面し，「海の回廊」には各学校からの掲示があり，研修室など公民館を含んだ建物です。

島根県斐川町立図書館は，見晴らしのよい場所にあります。食事もできるし，暖炉のある部屋もあって，昔を回想できる

ものが展示されています。

　特定非営利活動法人高知こどもの図書館は，窓口での利用者と職員との対話があたたかい図書館です。2階が地域の人の交流の場となっていて，利用者は「子どもたちは2階がとても好きで」と語り，館長からも2階はいろいろな相談ごとなどに使われていると聞きました。

　北海道の置戸町生涯学習センターは，建設財源の関係でこの名称になったものの，中身はまったくの図書館です。置戸町は林業の町で，寒冷な気候の関係で1年の半分は薪の暖炉を使っています。館内には地元のクラフトマンたちの作品が随所にあり，コーヒーも思い思いのカップでいただけます。40年の歴史を刻んだ町の図書館の歩みが感じられます。それは館内に貼り紙をしないことにも現れていますし，書棚やタイムカプセルにもうかがえます。

　各地の図書館をめぐってみると，よい図書館にはよい人，よい館長がいて，居心地がよいというのが実感です。

第 II 部

図書館長 Q&A

Q1 館長は図書館をどのようにPRするのですか?

(1) どこでもだれにも図書館を語る

　墨田区立あずま図書館で,職場の話し合いを始めて1年後あたりから,「図書館利用の手引き」を全職員で話し合いしながら毎年つくるようにしました。八広図書館でも同様の試みをしました。私はそれらを名刺がわりに常に持ち歩いて,いろいろな人と図書館の話をするようになりました。

　「図書館利用の手引き」を毎年つくるのにも,仕事の改善,工夫を考えていくと,いろいろ変えるべきところがあるものです。もし変えるところがなければ,進歩がないといえるのかもしれません。図書館カレンダー,図書館地図,館内案内図など,イラストを入れたり,表現もわかりやすいものにしていけばよいのです。

　図書館を初めて利用される方には,それを渡して説明します。何回も同じことをいっているようですが,先方が違うのです。「ひとりひとりに血の通った」というのは,こういったところにも生きてくるのです。

　もし,「図書館利用の手引き」が持ち歩きやすい大きさにできていれば,何十部か持っていって,名刺がわりに使ってもよいのではないでしょうか。そのためには,大量につくっておく必要があります。

　たとえば長距離列車のなかでも,見ず知らずの人とそれをきっかけに,図書館の話ができます。たいていの人は図書館に興味を示してくれるものです。もっとも,八広図書館のよ

うに「なんでもあり」のような図書館だからそうなのかもしれません。これは図書館発見のよい機会であり，そのためにも，図書館の可能性のひろがりを自信をもって語るべきであり，そのときあなたは図書館宣教師になっているのです。

　八広図書館開館準備のときは，準備室の3人で「いっしょに図書館を考えてみませんか」というちらしを持って地域を回り，開館時には図書館案内を持って戸別訪問しました。

　利用者から生の声をきける利用者懇談会については，開館当初からやりたいと思っていましたが，新聞づくりに参加している方や，利用者の方々とはいろいろお話はしていたものの，開催したのは開館10年後からでした。参加者は年配の方が多く，個人，集会施設利用の団体に集まっていただき，まず自己紹介から始めました。八広図書館には図書館協議会がなかったので，図書館の状況などを話して意見をいただくこともありました。団体の方からは施設利用への感謝の声が多く出されました。みなさんの質問・要望などに答えながら，お茶を飲みながら懇談したものです。利用者懇談会は4～5年続けましたが，友の会のようなものにまでは発展できませんでした。

(2) 私の持ち歩いたファイルの中身（2002年，佐賀市立図書館長退任時）

　A4判，厚さ2cm，重さ1kg強の20ポケットのクリアファイルは，私の鞄のなかに入っています。

　もっとも図書館は，材料なんてなくても，何とでも結びつくものです。中身は次のとおりです。

 1. 窓口ローテーション表，事務分担表

2. 教育委員会事務専決規則，事務委任規則，職名規程
3. ボランティアの受入について，図書館条例・規則の運用について
4. 資料除籍・保存基準，クルー（CREW）法，資料検討委員会運営要領
5. 利用者応対基準，集会施設運営要領，集会施設利用案内
6. 市政要覧より抜粋，現況と課題及び今後の基本的な考え方，各指標類
7. 図書館沿革，図書館建設の経過，職員名簿
8. 図書館案内，図書館利用案内
9. 市当初予算に占める図書館費の割合（年度別），リサイクル実績表
10. 当初予算主要事項説明，費目別予算
11. 市内地図（見て歩き）
12. 私の図書館活動のあゆみ（年表），図問研会勢（年表），本人履歴
13. 「本との出会い人との出会い」（『びっと新聞』連載の小冊子），八広図書館利用の手引
14. 図書館紹介記事コピー，図書館発展のサイクル記事コピー
15. 図書館協議会議題，図書館利用統計，図書館へ行こう（図書館を友とする会・さが）
16. うまかおかゆ（佐賀弁によるグリム童話），かあさんの目，伐り倒された木，子守唄
17. 館長引継目録，ビデオ文庫目録，図書館関係雑誌等目録
18. 佐賀（1万分の1地形図），50年前くらいの住宅地図
19. 「市民と共に育つ図書館づくり」（講演のレジュメ）

20.「図書館と共に育つために」(講演のチラシとレジュメ)

(3) 旺盛なPR
市報で，そして全国へ発信

　1993年9月号の『市報さが』12ページ中トップページを含め3ページを使い,「佐賀んまちは図書館がにあう　待望の市立図書館基本設計案まとまる」と大きく宣伝しています。また,「市立図書館・ナウ」として，開館に至るまで市報に図書館を紹介しています。

　佐賀市の企画課「ごじらの脱皮」係では『ごじらの脱皮』というリーフレットを発行していて,そこには,「大好評！『動物のいない動物園』と『魚のいない水族館』」の見出しで，ハイビジョンを使った人気のある図書館の様子が紹介されていました。

　さらに，佐賀市約7万世帯を網羅している地域雑誌『ぷらざ』の年間400万円弱のスポンサーに図書館がなり，カラー2ページを使い「市立図書館だより」として宣伝しています。「市立図書館カウントダウン」「佐賀市立図書館オープン」「児童コーナー探検隊」「自動車図書館"プーカス"いよいよ登場」「開成分室もリニューアル」「児童コーナー連続講座が始まります」「図書館まつりいよいよ開館」「12月の図書館はクリスマスでいっぱい」「長野オリンピックは市立図書館のハイビジョン大画面で見よう」「尼子騒兵衛氏来たる！」「年に一度の文庫まつりにみんな集まれ！」「鍋島公民館分室10月4日オープン！」などを掲載してきました。

　また，地元のケーブルテレビ（愛称・ぶんぶんテレビ）に年間約50万円の予算でスポンサーとなっていて,「まるごと

市立図書館」という題で 10 分間，月に 7 回くらいの放送をしています。図書館職員が交代で画面に登場して，その時々の図書館の行事やお知らせをします。

佐賀市は県庁所在市なので多くの新聞社や放送局があります。そうしたところに情報提供すれば記事にしてくれるし，記事を求めて取材されることもけっこう多くあります。

館長自らが宣伝マンに

館長はまず，図書館サービスの第一線である住民との接触点にいることが重要です。サービスの窓口や自動車図書館，見学者の案内などに積極的に取り組みましょう。

私は資料返却の窓口に時々出て，友人，市長や行政関係者，関係機関の人，議員などいろいろな人に会いました。こういうときこそ，図書館を PR する機会です。図書館関係の協議会，懇話会，建設委員会や名刺交換会，懇親会など，さまざまなチャンスがあります。マスコミとの接触や各種講演会に呼ばれるときにも，図書館への理解の輪を広げましょう。

図書館の PR は，公的な機会だけでなく，昼食時や夜の飲食のときにもできるものです。森羅万象，図書館に結びつかないものはありません。図書館について知られていないことは多く，知らせることによって喜ばれるものです。館長自ら図書館の PR に努めましょう。

Q2 図書館報は館長にとってどのようなものですか?

　私は,墨田区立八広図書館にいた頃の図書館新聞『びっと』に冠している「地域と利用者と図書館と」が気に入っていて,館報はそれらをつなぐコミュニケーション紙と考えます。
　近頃はインターネットを使った館報もみられるようになりましたが,紙媒体と両方で出すとよいでしょう。
　『びっと』の命名者は初代編集長の高校生でした。佐賀市立図書館の館報『本のある広場』は,私の著書から担当者が命名したものです。館報の巻頭言は,そのときの状況にあわせ図書館への理解を念頭に書きました。『びっと』では,巻頭言ではありませんが,「本との出会い,人との出会い」を20回連載し,図書館の出てくる作品と著者紹介をしました。図書館への理解を深めるという趣旨だったと思います。

(1) 佐賀市立図書館の館報から
　さて,『本のある広場』から,巻頭言の一部を抜粋して紹介しましょう。

　　土地の事情及び一般公衆の希望にそい(22号,1999.9)
　　来年は図書館法が制定されて50年になります。標題はその第3条から抜粋したものですが,当時社会教育局長であった西崎恵氏は「住民本位の図書館,サービス本位の図書館は,必ず土地の事情や土地の住民の希望にぴったりと結びついた図書館でなければならない」と解説しています。

条例による図書館設置といい，地方分権の思想が図書館法には息づいているのではないでしょうか。……

佐賀市立図書館の運営方針が，東側玄関に掲げてあり，その第3に，「図書館法，佐賀市立図書館条例・規則に基づき，あわせて，ユネスコ公共図書館宣言，ユネスコ学習権宣言，図書館の自由に関する宣言，図書館員の倫理綱領を尊重して運営いたします」とあります。そこにあげてある資料は，図書館員は当然理解し，努力すべきことですが，市民の皆様にもご理解いただきたいものですし，それでこそ「市民と共に育つ図書館づくり」となるのでしょう。

図書館関係の資料や読書に関する資料は，主として，「調べものコーナー」入り口右の書架と，2階の中央奥の「総記」の書架にあります。

図書館を探検する（25号，1999.12）

11月26日，新栄小学校の「輝きタイム実行委員会より」の招待状を頂き，佐賀市立図書館探検の発表会を見学させてもらいました。発表内容は「佐賀市立図書館を探検してすばらしいところをみんなに伝えよう」でした。当日渡された「総合的な学習」の単元名は「夢と感動の宝庫！市立図書館の秘密はこれだ！」ということで，6月から6年生145人が25班に分かれて，色々なテーマを分担して取り組んだとのことです。自動車図書館「ブーカス」の書庫など施設内を見て回ったり，資料で調べたり，図書館員や利用者に質問したりして模造紙などにまとめて，たぶん全員が声を出して発表したのでしょう。ビデオを使ったり，「市立図書館のめざすもの」という冊子を作ったりした班もあ

りました。その冊子には,「市立図書館をもっと気持ち良く使うために"6つ"の約束を守ろう」ということもあり,図書館の東玄関に掲げてある「みんなでそだてる,みんなのひろば」の思いをふかくしました。また,この探検をしてみんなで市立図書館のことを今後「ほんのもり」ということにしたそうです。知りたい,学びたいという時の社会的記憶装置が図書館といわれていますし(カール・セーガン)図書館を探検することは,使いこなしていく力,生きる力を身に付けていくことになるでしょう。前述の冊子には,市立図書館がめざしているものを「だれでも気軽に来れる図書館」として,「子ども,体の不自由な人,外国の人,おとしより,学生,学校の先生,主婦,若い人」をあげています。館報「本のある広場」17号にも述べましたランガナタンの「図書館学の五法則」にある「本はすべての人のためにある」を思い出します。

交流・伝承の場に図書館を (26号,2000.1)

　昨年の文化の日に,小学生の一日館長を案内しながら,「将棋はするの」と聞いたら,「碁もします」といっていましたが,囲碁・将棋ができる北側の畳のコーナーには初めて来たとのことでした。観戦していたおじさんが「この前,小学生にこてんぱんにやられたよ」と言っていましたが,通常はおとなで一杯で,子どもには遠い場所のようです。それにしても,ここの人気はすごく,土曜や日曜には,書架の通路も通れないほどの混雑ぶりです。色々検討した結果,今年から囲碁・将棋コーナーを2階ロビー東側に移すことにし,当面ありあわせの椅子席で,チェス・オセロ

なども用意することにしました。……

　図書館は地域の資料・情報センターとしての使命とともに，交流・伝承の場としての使命もまた「ユネスコ公共図書館宣言1994」に述べられています。昨年8月，今年を「子ども読書年」とする国会決議が全会一致で採択されましたが，読書環境の整備とともに，交流・伝承を大切にしたいものです。

地域を掘り起こす（40号，2001.3）

　相撲の親方に宝は土俵に埋まっていると言われて夜中に土俵を掘ってみたという落語がありますが，案外，地域の宝ものが周りにあるかも知れません。3年前の館報に「地域の資料を図書館へ」と書きましたが，今年になっての小沢章友，金原亭駒三，松本佩山，三好十郎などの講演や展示も，地域を掘り起こすでしょうし，関連資料の発見もありました。……掘り起こされた資料は時間・空間を超え，利用・保存され，それが図書館であり，博物館であります。

　佐賀市立図書館内には，さがし情報広場や佐賀の作家コーナーがあり，調べ物コーナー奥の書架には開館後に集積したファイルが117冊になります。現在出版物のない「佐賀錦資料」，問い合わせの多い「吉野ヶ里」，郷土料理を紹介した佐賀新聞連載の「佐賀の隠れ味」などです。……

　地域を掘り起こすには，多くの人の協力があってこそできることです。佐賀市をはじめとした図書館資料はもちろんのこと，いろいろな情報やイベントなどへの提言もありがたいものです。

52号（2002.3）の館報には，データでみる佐賀市立図書館として，登録者数，来館者数，貸出点数などが1ページにあります。以下目次をあげます。
　◎私と図書館「図書館の扉」　◎奮闘⁉調べもの日記「"ヤキュウ"って人ご存知ですか　Part 2」　◎こども絵日記　◎催し物あれこれ　◎図書館を支えるボランティアグループ　◎ブーカスステーション日程表（「ブーカス」は自動車図書館の愛称）
　なお，私の退任後，館報は月刊から年4回刊となりました。

(2) 佐賀市立図書館要覧から

　次に，年1回出していた要覧から「平成13年度要覧目次」をあげておきます。
　市総合計画，図書館コンセプト，館長あいさつ
　◎佐賀市の概要　◎佐賀市立図書館の概要　◎沿革　◎サービス地図　◎施設概要　◎利用案内　◎館内利用　◎佐賀市立図書館運営　◎運営方針　◎図書館資料の収集方針　◎業務概要　◎館内サービス　◎平成12年度事業概要　◎平成13年度事業予定　◎市民参加　図書館協議会　ボランティア活動　◎統計資料　市町村登録　館別利用統計　市町村別貸出統計　分類別統計　他図書館との比較　視聴覚資料館内利用状況　各施設利用状況　視察　◎資料　図書館費の内訳　条例　規則　　機構図　◎平成13年度佐賀市立図書館職員名簿

(3) 読者からみた図書館報について

　墨田区立八広図書館十周年記念誌『出会い』から抜粋しま

す。

「びっと」刊行十周年を迎えて　　　　　　　　　清水正三

　「びっと」が十周年を迎えるそうですね。おめでとうございます。むかしから「三号雑誌」などという言葉がありますが、雑誌を苦労して刊行しても、三号くらいで息切れがし、あとが続かない雑誌が数多くあります。そういう意味で「びっと」が十年も続いたことに感心します。職員の方々の努力もたいへんだったと思いますが、つまりは読者の方々が支えて下さったからではないでしょうか。図書館の運営のなかで、本との出合いは、当然ですが、人との出合いを大切にしている千葉館長の志が、誌面に横溢しています。それにしましても、「びっと」はわが国の館報では、あまり例を見ない不思議な館報ですね。利用者の投稿が主で、図書館からの記事は、ちょこちょこっとしか、でていません。そこが私はおもしろく、かつ有効だと思います。高齢なＡさんの「健康とボケ防止のために、皆さん、大きな声を出して民謡を唄ってみませんか」という、民謡教室開催のお知らせがあるかと思うと、子どもたちが画いたマンガがあり、そして次の頁には、小針美男先生の郷土についての歴史的、民俗的なお話がやさしい文体で連載されています。私は浅草の生まれで府立七中の夜間部の卒業生なので、小針先生の郷土についてのお話は、共感をもって、たのしく読ませていただいております。「びっと」については、同業者の立場からいろいろと教えられることがあります。内容はもちろんですが、まず、千葉館長さんの、宣伝マンとしての巧妙な手練手管？と熱意と押しの強さで

す。千葉さんはいつも「びっと」を何部か携帯していて色々な会合や道の途中でも，これはと思う人にぶっかると，まず，「『日本の三大仇討』を知ってますか」などと話しかけ相手がわからなさそうな顔をすると「ここに書いてありますよ」などと云いながら，かばんから「びっと」を取り出して，さも大事そうに，相手に手渡しします。小生のような引込み思案には仲々できないことです。これは図書館を愛する千葉館長の熱意のあらわれと思います。千葉館長は顔が広いものですから，九州に行けば九州のお友達に，北海道にいけば北海道の図書館仲間に「びっと」を宣伝し「びっと」を手渡しします。そんなことで「びっと」は全国的に知られているのではないでしょうか。「びっと」の特長を私流にみますと，ふつうの館報は，図書館側からの情報が多いのですが「びっと」は「投稿らん」の多いことが目立ちます。館報のひとつの方法として，とてもよいことではないでしょうか。三十年前，子どもたちのために「投書らん」を設けることの効果を，江戸川区立図書館で経験したことがあります。教室ではあまり，パッとしない子どもが，図書館の館報に自分の名が載ったことで，子どもたちにも，親ごさんたちにもたいへん喜ばれたことがあります。「びっと」は卒業写真のように，投稿者のある時代における自分についての貴重な記録ともなりましょう。「びっと」の誌面がより豊かになりますよう期待しております。

(1991（平成3）年1月29日)

Q3 図書館見学の受入れと,他の図書館の視察法はどうしたらよいでしょうか?

(1) 視察への対応と対外活動

　図書館にはいろいろなところから見学・視察等の依頼があります。特に新館開館のときは多いし,図書館には知らせず黙って見学されている場合もあります。佐賀市立図書館の開館当初の数字として把握できているものをあげておきます。

　図書館関係（図書館,準備室・友の会等）
　　平成8年度　48件,平成9年度　30件
　行政関係（国県市町村,議会等）
　　平成8年度　45件,平成9年度　21件
　その他一般（学校・公民館・各種団体等）
　　平成8年度　82件,平成9年度　48件

　見学者を案内するとき,佐賀市立図書館ではハイビジョンが効果をあげています。もちろんハイビジョンを見学に来られる場合も多いのですが,ハイビジョン静止画による図書館案内ソフトもあるし,バルーン大会に佐賀の紹介を加えたソフトは,何百回も利用したと思います。ちなみにバルーン大会は,佐賀市の嘉瀬川河川敷で1980年から毎年開催されているイベントで,11月に開かれる熱気球国際大会には100機を超える気球が大空を舞い,壮観です。

　見学等への資料はいく通りか用意してありますが,ときによってはその見学者専門につくらなければならないし,それらへの応対も相当の時間を要します。見学者の案内は館長の業務ですから,それに費やす時間は大きいものがあります。

講演会や展示会等の関係者との応対も，館長の大切な業務です。図書館では多くのイベントを行ってきたので，いろいろな人に会うことができますが，その業務量も多くあります。

　館長への訪問者もたくさんみえます。私の場合この3年間で千枚以上の名刺を作成し，集まった名刺約2千枚は，それぞれいただいた年月日を記入し，1.図書館・文庫・図書館関係，2.教育・文化・出版・報道，3.各地（佐賀市内・佐賀県内・佐賀県外・外国）・友人・知人・食・店・その他と，3分冊の専用ファイルに整理しました。佐賀市立図書館では6年で200名余が「ご芳名録」に記されています。このように，来訪者簿を用意しておくと，館長の事務量の算定資料にもなるのではないでしょうか。

見学案内用資料（施設案内，利用案内，各年度要覧，整備基本計画等）

　見学用の説明資料は，見学時間等によって回り方を変えて図示しています。注文によってはそれに対応する回り方や資料を用意することもあります。図書館案内ができれば一人前です。佐賀市立図書館では，見学時間が1時間以上ある場合と，30分程度の場合で，施設案内にコース順を図示したものを二通り用意しておいて，使い分けるようにしていました。ただ，墨田区立八広図書館にいたとき，ある見学者に1日ぐらいかけて見学したいといわれたことがあります。本当の見学はそういうものかもしれません。

　佐賀市立図書館は，施設も広いし，ハイビジョンZOOでクイズに挑戦したり，ハイビジョンシアターを鑑賞したり，ファミリーブースで小中学校の卒業アルバムを見聞きしてい

ると，時間はあっという間に経ってしまいます。正直いって1時間以内の見学はお断りしたいくらいでした。

　九州市長会が見学に訪れたときは，佐賀市紹介ビデオ（10分）と佐賀市立図書館の紹介ビデオ（8分）をつくって，多目的ホールで上映しました。

　一般的に見学の対応は図書館長があたる場合が多いでしょうが，伊万里市民図書館では，市民活動者が見学するときには図書館友の会会員が対応するなど，見学者や目的に応じて案内役も変わっているようです。見学者が外国人で通訳が必要な場合も出てきますが，その場合は通訳ボランティアにお願いするといったことも聞きます。

行事としての図書館見学

　佐賀市立図書館報『本のある広場』（2001年9月号）から紹介します。

行ってきました！　館長が案内するわたしたちの市立図書館

　図書館まつりの一環として8月7日午前・午後各一回，館長の案内する図書館探訪が催されました。黄色いキャップに"図書館探検"と書かれた小旗を持って，千葉館長がビデオを片手に現れました。図書館探訪の名札をつけ，館長率いる探訪隊の出発です。ここ市立図書館は，貸し出し日本一にもなりました。1年に7万冊の本が購入されます。貸し出しは一日1万冊，どんなにたくさんの本が動いているのかが，この数字からも想像がつきます。午前の部では，普段見ることのできない開館風景を2階ギャラリーから見

ることができました。10時の開館と同時に人がどっと入ってくる様子をみていると，どんなに市民が図書館を必要としているかがよく分かりました。次に2階の事務室や館長室，職員の方々の休憩室，畳半分以上もある大きな布の絵本などが置いてある部屋にも行きました。また1階の奥には，佐賀に関する資料もスクラップされていました。障害を持った方には，対面朗読室があり，定期的に朗読ボランティアによるサービスが受けられるようです。図書館に来られない人のための出前サービスもあり，よく行き届いたサービスだと感心させられました。吹き抜けの2階からは明かり取りの天窓，東側には佐賀錦をかたどったステンドグラスがよく見えて，新鮮な発見でした。3階の機械室や屋上にも行き，どんどんどんの森を上からながめました。最後にエレベーターに乗って地下へ。書庫には地域に向う本がたくさんのコンテナに入ってありました。ちょうど自動車図書館のブーカスも出発しようとしているところでした。探訪隊の中からたくさんの質問が出て，メモを取る豆記者もいました。図書館を愛する館長と図書館探訪。楽しくもあり，忙しくもあり，どこから何が出てくるのか，大人も子どももみなドキドキ，ワクワク，あっというまの一時間，もっと何かありそうな図書館でした。おはなしの部屋で館長から読んでいただいた「ぐりとぐら」は，歌もまじえて奥深い暖かい語りでした。いい思い出をおみやげに探訪隊解散となりました。

　　　　　　図書館を友とする会・さが　　土屋美智子
注：筆者は探訪隊のお手伝いをされたかと思います。記念写真には20人ほど写っています。

(2) 他の図書館の見学について

　まず，相手先を見学する目的がしっかりしていることが大切です。その上で，一般的には事前に見学先の了解をとるのは常識です。だれが，いつ，どのくらい，どのような目的で見学するのかを余裕をもって申し込みます。見学日が近くなったら連絡しておいたほうがよいでしょう。連絡には電子メールを使えるところが多くなりましたが，文書を出してほしいといわれることもあるようです。金銭のお礼は必要ありませんが，図書館とその地域の資料や手土産ぐらいもっていくのがよいのではないでしょうか。

　見学先では，「取材者証」など目印になるものを付ける必要があることがあります。また，写真やビデオの撮影などには利用者のプライバシーを考慮して慎重になるところも多くなってきています。見学先の指示に従って迷惑をかけないようにしましょう。見学相手を褒めたり，気になった点を指摘したり，ということになりますが，先方が見学してもらってよかった思ってくだされればいいですね。見学が終わったら，お礼の連絡も忘れないようにしましょう。

　私の場合，見学先を選ぶときには，その図書館の活動に加えて，そこに誰某さんがいるからというのが選択の条件でした。最近では，ビデオ撮影が可能かどうかが大切な要素となっています。

Q4 社会で現下に起きている問題と図書館はどのようにつながっていますか？

　図書館法第3条第7号には「時事に関する情報及び参考資料を紹介し，及び提供すること」とあります。法制定当時の文部省社会教育局長の西崎恵氏は「インフォメーション・センターとしての新しい機能である。……時事に関する情報や，時事を判断する場合に参考となる資料を紹介したり，そういうものを印刷したりして提供するのである。このようなインフォメーション・センターとしての機能は正しい世論をつくる上においても極めて必要なことであって，この機能を充実さすための施策の一つとして，図書館法は，公の出版物の収集に関する規定をおいている」(『図書館法』)と述べています。

　この「インフォメーション・センター」は「ユネスコ公共図書館宣言1994」の「図書館は地域の情報センター」と重なります。そして自著『本のある広場』(教育史料出版会)に書いた「『図書館の中立とは右もあれば左もある積極的中立なのである』と昨年 (1966年) の図書館大会で宮原誠一氏は言われ，羽仁五郎氏は文化人の役割としての先見性について，新聞社との談話で述べられているが，図書館員の肝に銘すべきことであろう。……」とつながっていくものと考えます。

　「インフォメーション・センターとしての機能は正しい世論をつくる上においても……」の部分は，ユネスコの宣言の冒頭にある「社会と個人の自由，繁栄および発展は人間にとっての基本的価値である。このことは，十分に情報を得ている市民が，その民主的権利を行使し，社会において積極的な

役割を果たす能力によって，はじめて達成される。建設的に参加して民主主義を発展させることは，十分な教育が受けられ，知識，思想，文化および情報に自由かつ無制限に接し得ることにかかっている」と重なると考えられます。

　墨田区立八広図書館では，「時事コーナー」を設けて資料紹介をしていました。佐賀市立図書館では，相談担当者のいる「調べ物コーナー」付近に「時事コーナー」を設けたほか，もっとスピーディーに情報提供する「資料紹介コーナー」を目抜きの場所におくようにしていました。毎朝のミーティングの後，担当職員は地域で話題になっていることや新聞記事に目を配り，資料紹介コーナーをつくっていました。

　たとえば，記事「気の抜けたシャンパン」（1999.10.27 佐賀新聞「微風強風」欄見出し）をみてみましょう。「佐賀市立図書館には，いつも感心させられる。文学賞が発表されると受賞作家の作品コーナーができ，原発事故が起きると関係の書籍が並ぶ。読書週間と重なる今年の文化の日は臨時開館する。私たちの税金で買った本を"預けている"のだから利用者本位で当たり前，と言ってしまえば終わりだが，対応の素早さと柔軟さがうれしい」として，ビュッフェが死去してから22日後に始まった，追悼展と銘打った美術館を「芸術性だけではなく話題性も大きな"売り"のはず。気の抜けたシャンパンのような感じがした」と述べています。

　話題になったり，報道されたり，あまり報道されなくてもその時代，その地域に大切なことを図書館員が見抜き，それを住民が確かめることができるのが図書館の大切な機能です。そのための資料がしっかり収集され，整えられているでしょうか。利用者が情報を知り，話し合える場が用意されて

いるでしょうか。古今東西・森羅万象にわたり，図書館は組織網として情報を網羅しているべきであり，さらに先見性と積極的中立性こそ図書館の条件といえるでしょう。

▲墨田区立八広図書館・七夕（Photo©漆原宏）

Q5 図書館と学校や博物館などと連携してサービスをすすめるには，どうすればよいのでしょう?

　図書館の種類には，公共図書館のほかに大学図書館，学校図書館，専門図書館があり，図書館法では，図書館資料の相互貸借を含めて協力をしていくこととしています。公共図書館間はもちろん，地域の館種を越えた協力を公共図書館の側から働きかけることが大切です。また，広域の図書館協力や関連機関との連携には，県立図書館の役割が欠かせません。

　地域における関連機関としては，博物館，公民館，学校等の教育機関，保育園，老人ホーム，病院等の福祉・医療機関があります。博物館，公民館については，同じ社会教育機関として協力することが求められますし，学校については，図書館法では「公共図書館が学校教育を援助する」ことを求めています。福祉・医療機関には，図書館が援助・奉仕するということになります。

　関連機関との協力には，その機関に図書館奉仕のための拠点，たとえば図書館分室をおいたり，自動車図書館の駐車場にしたり，また文庫を設置したり団体貸出するなどの巡回奉仕をすることが考えられます。すべての人に図書館奉仕を追究していくということでいえば，関連機関で働く人たちも奉仕の対象です。関連機関の協力を得ながら，そこに働く人，利用している人たちへの奉仕も含めてすすめていきます。図書館としても，関連機関の資料やポスター・チラシ等の情報を集め，利用者に提供するとよいでしょう。公共図書館が地域の情報センターになるのです。

そのためには,図書館が地域の関連機関に出かけて行って,お互いに知り合い交流することと,その機関の自主性,自発的利用を尊重していくことが大切です。図書館のはたらきは一般的に知られていない,誤解されている場合も多いとみるべきで,図書館がそれぞれの機関にとって魅力ある有用なものだと理解してもらうような働きかけが重要です。

　たとえば地域の住民の集会・文化活動に,図書館が資料・情報,施設,人の提供によって応えられる条件を整え,その利用法について知らせていくことが大切です。図書館の利用案内などは,活字を大きくしたり,イラストを使うなど,利用対象や目的に合わせて工夫します。関連機関にもこの図書館のはたらきを知らせ,利用にさいしてあまり規制を加えることなく,公平に,そしておおらかに,活動を援助できるようにします。関連機関に文庫があって世話人がいて,図書館が団体貸出している場合,資料の亡失があっても弁済を免除するなど,世話人の負担にならないような配慮が大切です。

　私が墨田区立八広図書館にいたとき,ある小学校でクラスの子どもたちが全員図書館のカードを持っていたのをきっかけに,新任の教師が教材研究や学級文庫づくりのために図書館通いを始め,他のクラス,学校にも飛び火していったことがあります。佐賀市立図書館でも,きっかけは自動車図書館による団体貸出であったり,図書館でボランティアをしたり,クラスぐるみの図書館訪問であったりいろいろですが,それぞれの人の図書館発見が大切でしょう。

　滋賀県の能登川町立図書館（現・東近江市）は,博物館との併設で,「本との出会い,人との出会い」に加えて,「モノとの出会い」を標榜していますが,参考にできることですね。

Q6 図書館の選書について館長はどこまで責任がありますか?

(1) 図書館の選書や処分と館長の責任

　購入，寄贈，除籍など，図書館資料に関する取り扱いの最終責任者は館長です。

　図書館資料の組織化は，図書館の仕事の核をなすもので，収集方針に始まって，選択基準，除籍基準を作成し，資料構成，資料更新，寄贈・寄託，リサイクルなどに関して，どのようにしていくか方針と方法を決めて，文書にしておく必要があります。資料の収集方針はもちろん，寄贈受入基準等を作成したら公開するようにします。

　図書館資料の収集方針は，図書館の規模や土地の事情などを考慮してつくります。それに基づく基準やマニュアルも，他の図書館を参考にしながら作成します。収集方針や選書基準は，通常，図書館の開館準備のときにつくりますが，時宜に応じて見直し，マニュアルも実際の業務との関係で改善していきます。

　特に資料の寄贈を受ける場合，図書館側と資料の寄贈者との間で行き違いが生じることがあります。寄贈者の好意が図書館では迷惑な場合もあるので，図書館の方針をきちんと理解してもらうようにしておきます。

　図書館は，その地域に関する専門図書館でもあり，図書館組織網の一員としての役割を担うという観点が必要です。したがって，その地域に関する資料であれば，一般に流通していない資料にも心配りをしていきたいものです。その場合，

安易に資料の寄贈依頼するのではなく，購入する意思を伝えるのが筋道というものです。また，その地域に関する資料でなくても，図書館組織網として貴重な資料はないか目配りすることも大切です。

資料価値について判断し，どこが持つことがふさわしいか考え，自ら保存するだけでなく，他の図書館等と連絡をとって，資料を交換したり，受け入れてもらったりします。これに関しては，県立図書館の保存機能についての役割が求められるところです。

(2) 選書の実際
選書はみんなで

資料の選書には各分野を担当する職員をはじめ，できるだけ多くの職員が参加できるようにします。コンピュータによる資料利用調査や奉仕業務を選書にも反映させて，分館，自動車図書館，子ども，レファレンス担当者等がそれぞれの資料を選びます。

館長は選書会議の議長を務めるなど，選書には積極的にかかわっていかなければなりません。館長が選書の留意点等について手本を示したり，実力のある部下に指導させたりして，職員の資質向上に努めるようにします。通常，実際の作業の多くは担当者が行い，必要に応じて館長に相談するということになるでしょうが，最終的な責任は館長にあります。

資料の収集と除籍も，選書の範囲に入ります。資料取り扱いの規程やマニュアルをつくり，収集から除籍にいたるまでの資料の流れを日常的にすすめるようにし，その業務にあたる職員を訓練することが大切です。特に除籍のさいの選書は

職員の訓練にはもってこいですし，それぞれに検討記録を残しておくとよい教材にもなります。

クルー（CREW）法の活用

私の場合，蔵書の点検と除籍のさいには「クルー（CREW）法」という方法を参考にして，「本の病院」などと称して「資料更新のカルテ」を考案し，日常的に作業したものです。

クルー法（Continuous Review, Evaluation, and Weeding）は，蔵書の点検，評価，維持管理，除架，除籍を行う方法で，日本図書館協会の季刊誌『現代の図書館』に紹介されました（ジョセフ・P. シーガル，斉藤京子訳「中小公共図書館における蔵書の評価と除架－CREW法」『現代の図書館』23巻3号，1985）。

まず，ある分野の本が刊行後何年たっているか，そして最後の貸出記録から何年経過しているかを調べます。次に，下記の頭文字を集めた「MUSTY」の一つ以上に該当するときは除籍を考慮するのです。たとえば，日本十進分類法（NDC）の分類で「010　図書館学」の分野の本は「10/3/MUSTY」などと表示します。

M = Misleading（間違いやすい，あるいは実際に不正確）

U = Ugly（汚破損の状態，使い古されて再製本は不可能）

S = Superseded（新版あるいは同一主題のより優れた本と取り替え可能）

T = Trivial（つまらない，資料的価値あるいは学術的価値がはっきりしない）

Y = Your collection has no use for this book.（蔵書構成上役に立たない，地域のニーズや関心にマッチしないと思われる）

クルー法は，資料を書架から除くときの目安として役立つ手法です。除架することによって，書架のスペースを節約でき，より利用される資料を書架に並べることができ，蔵書の評価を高め，ひいては役に立つ図書館をアピールすることができます。参考にしていただくとよいでしょう。

　なお，佐賀市立図書館の資料除籍と保存の基準は，資料編に収録してあります。

(3) 資料検討委員会について

　佐賀市立図書館の玄関には，運営方針とともに「図書館の自由に関する宣言」も掲げてあります。その第2には，「図書館は資料提供の自由を有する」とあり，「すべての図書館資料は，原則として国民の自由な利用に供されるべきである」としています。しかし，提供の自由が制限されることがある項目の一つとして「人権またはプライバシーを侵害するもの」があります。罪を犯した少年の顔写真が雑誌に掲載されたり，その「供述調書」といわれるものが掲載されたり，波紋を投げかけています。日々，図書館で扱っている資料においても，取り扱いを検討しているものがあります。佐賀市立図書館においては，常に全職員に問題を投げかけて検討していくようにしています。そして図書館の対応についても市民に明らかにしてきました。「市民と共に育てる視点で図書館運営を行う」を基本としています。

　――以上は佐賀市立図書館報『本のある広場』6号（1998.5）巻頭言の「資料提供と人権・プライバシー」から抜粋したものです。1998年2月半ば，佐賀市立図書館では掲載された記事をめぐって雑誌Bの閲覧中止を決定しましたが，その

関係で利用者に呼びかけたものです。これをきっかけに,図書館に資料検討委員会をつくることとなりました。運営要領は資料編に掲載されています。

　資料検討委員会の事務局は資料係が担当し,係長以上の職員,各班のマネージャーのほか,だれでも会議に参加できるようにしました。マネージャーというのは,全職員(嘱託を含む)を四つの班に分けて窓口などの業務を回す仕組みの班長のことです。委員会は,利用者や職員からの資料に関する指摘を受け,「図書館の自由に関する宣言」や「児童憲章」の理念も参考にして,検討をすすめています。

▲佐賀市立図書館・囲碁・将棋コーナー(Photo©漆原宏)

Q7 利用者の苦情や迷惑な利用者にはどのように対処すべきですか?

(1) 日常的に

墨田区立八広図書館で,よく迷惑をかける数人の中学生と話したことがあります。その結果,次の3点が大切であるということを職場で話し合ったものです。

ア 公平に接する。(受け入れる)
イ 偏見をもたない。(あの子たちは何かやらかすのではなかろうかと見ない)
ウ その場で注意する。(見て見ぬ振りをしない)

このことはすべての人に共通することだし,すみやかに対応するべきことではないでしょうか。

ある図書館員が,図書館を改築したときの報告で「できる限り規制の貼り紙は貼らないようにしています。それでも支障はありません」といいましたが,図書館が根づいているところではそうかもしれないと思うし,理想的にはそうありたいものです。

書架掲示などなくても,どこに何があるかがわかるようになっているのがよいのでしょうが,現実には,案内や掲示もていねいなものがよく,規制の掲示についてもその土地の事情や場合によって変わってくるでしょう。

佐賀市立図書館の場合は,夏期には「マナーアップ月間」と称して,1時間おきの放送で正しい利用のしかたを呼びかけています。また,広い空間のなかで淋しくなりそうなところを「囲碁・将棋コーナー」などのにぎやかな空間に変える

ことによって，陰気になりそうな雰囲気をなくす工夫をしました。

　雰囲気づくり，居場所づくりは大切です。そして，投書箱と回答の仕組み，利用者とのコミュニケーションをはかること，職員間のコミュニケーションをよくすること，図書館長や係長・主任などが，いざ事あるときにはすすんで対応する仕組み，話し合いで解決できる力が大切ではないでしょうか。

　また，インターネットに図書館の掲示板を設けて意見を出せるようになっているとよいし，必要に応じて回答するのもよいでしょう。

(2) 利用者懇談会や図書館協議会で

　「図書館を友とする会・さが」は「図書館員と市民との意見交流会」を年1回程度開催していますが，総会時に開催したものから抜粋します。

　○1997年2月6日　午後2時〜4時30分
　　図書館側5人（館長，係長2，職員2）　利用者側6人
　　事務局側5人（「図書館を友とする会・さが」の会員でその記録による。）　　利－利用者側　　図－図書館側
利：延滞の督促も必要なのではないですか。
図（7月4日回答）：先日開館初の督促状を発送しました。圧着式で内容の秘密は守られます。今後定期的に督促をしていきますが，延滞があって貸出しの手続きをした場合，カウンターで，その旨の声かけもしています。予約の入った資料に関してはただちに督促しています。
利：コピー代20円は高いのでは？

図（7月4日回答）：調査して後日お答えします。

○ 2001年6月23日　午後2時30分〜4時
　図書館側2人（館長，係長）　利用者側28人
　（年に1回程度の利用者懇談会だが，「図書館を友とする会・さが」の通信に要約して掲載されるようになった。）
　　　　　　　　　　　　図−図書館側　利−利用者側
利：痴漢対策について教えてください。
図：今年5月から被害が続いたので，警察に相談して注意を呼びかける館内掲示をしています。4人を警察に引き渡しました。被害にあったらすぐ職員に届けてください。警備員を巡回させたり，被害の多い2階のまんがコーナーの移動を考えています。
利：福岡市の総合図書館のような，延滞者の貸出し停止はできないのですか？
図：長期にわたる延滞者には貸出し停止を考えていく。2ヶ月を越えて返却をしない人には，督促のはがきを2度出し，それでも返却のない場合は電話をかけています。9月からは，2ヶ月を越える延滞者には，貸出ししない体制をとる予定です。
利：督促状はどのくらい出しているんですか？
図：1月千人以上，千五百人程度でしょうか。プライバシーを考えて，めくらないと内容がわからないハガキにしています。
利：本への書き込み，しかけ絵本に対する対応は？
図：本の種類によります。貸出しに向いていない本もあって，貸出しをやめるものもあります。ニーズのあるものは

壊れてもめげず購入しています。
　利：利用者に対する働きかけも必要だと思います。子どもむきにマナーブックをつくってはどうですか。
　図：毎日迷子がでるような大図書館でどう対応していけばいいのか。状況に応じて考えるべきでしょう。マナーブックに関しても，すぐに良い，悪いは言えません。図書館はコミュニティを育てるにはとても良い場所なんです。

　こうした問題を話し合う場はとても大切だし，その結果を公表したり，対策につなげていくようにしなければいけません。以下の点に留意し，「みんなで育てる，みんなの広場」としての図書館をめざすことが大切です。
1. 利用しやすい環境整備に心がけます。陰湿な状況や対応は避けたいものです。適度な明るさやにぎわいは必要です。
2. 利用者同士がお互いに注意できるように習慣づけ，即座に対応できる組織づくりをします。
3. 利用者と図書館員がお互いの意思疎通の機会をもち，情報公開に努め，問題解決にあたるようにします。

Q8 危機管理について館長の行うべきことは何ですか?

(1) 日頃から見回って安全点検しよう

　佐賀市立図書館では開館前，2階展示ホールの吹抜け部分に子どもがよじ上れば転落しそうな場所を見つけ，大急ぎでアクリルで覆う工事をしたことがあります。館長自ら見回って安全確認等の点検をすることは大切ですが，同時に職員や住民からの指摘も大切にしたいものです。図書館があらゆる年齢層や障害ある人たちにとって利用するのに不便はないか，安全に利用できるかといった観点で，日頃からていねいに点検する必要があります。

(2) 警備をどう考えるか

　私の最初の職場である墨田区立あずま図書館では，当初，職員が交代で宿直していましたが，専任の警備員から委託した警備会社派遣の警備員となり，機械警備と変わっていきました。機械警備のとき，トラックの振動等で機械が作動して，夜中に再三駆けつけたこともありました。

　八広図書館では当初，都営高層住宅の1階ということもあり，火の気も貴重品もないので，警備委託も機械警備もせず，全職員が鍵をもって出入りしていました。

　佐賀市立図書館の場合は規模の大きい施設でもあるので，警備会社に委託し，開館中は警備員が数人常駐し，退庁時に職員が機械をセットして，その後は警備会社の人が定期巡回をする仕組みをとっています。

館長は，警備員に図書館への理解を求め，利用者応対に気をつけてもらいます。また，館内の貼り紙などについても指示するようにします。返却ポストに花火のようなものが投げ入れられたり，館内で痴漢騒ぎがおきたりした場合，館長は即座に対応することが求められるし，警察署や消防署との連絡も必要に応じて適切に行う必要があります。

　なお，最近ではBDSとかBPSという「貸出手続確認装置」を設けている図書館も多くなってきました。佐賀市立図書館は建築途中で急遽設置することになったので，人の動線上不都合が生じたことがあります。設置の際は気をつけたいものです。

(3) 消防計画の作成と消防訓練

　図書館は消防計画を作成し，自衛消防組織をつくり，消防訓練を行わなくてはなりません。館長が防火管理者になる場合もありますが，少なくとも防火管理者講習等の知識も必要です。消火器や誘導灯の設備，避難経路図など館内に掲示しなくてはなりません。職員の任務について，通報・消火・避難誘導・救護などと定めておくとしても，そのいずれにも対応できるようにしておく必要があります。ときには，利用者にも参加してもらう訓練も大切です。計画の作成，学習，訓練の実施等では，消防署との連携が大切になってきます。

　併設や複合施設の場合は，全体の計画や訓練などコミュニケーションをはかることがいっそう大切になります。

(4) 地震や水害対策をどうするか

　墨田区立図書館で働いていたとき，一段書架が倒れかかり，

肩で受けとめたことがありました。書架など家具類の転倒防止対策は今では常識になっています。建物に書架の一部を埋め込んだり，書架から本が飛び出さないように工夫するところも現れましたが，大きい本を低層に配置するなどの配慮も必要でしょう。

　ある図書館を見学したとき，1階が駐車場で2階が図書館になっていて，事情を聞くと1階部分が浸水するための対策だというのです。水害・塩害など，その立地の状況によって土嚢を用意するなど，必要な対策を講じておくのも館長の行うべきことです。

　佐賀市は低地でよく水害に見舞われたものですが，ポンプや浚渫などにより改善されてきました。図書館の敷地にも水を貯める装置があるとのことで，ある大水のとき，そばの公園に大きな池が誕生したものです。敷地を含めて土地の事情を知ることはとても大切なことです。

(5) コミュニケーションを大切に

　佐賀市立図書館では，身体障害者の駐車場からの動線・経路の改善は，利用者からの指摘によりなされたものでした。また，「車の中で赤ちゃんが泣いています」の放送などをよくせざるを得ませんでした。ついには，夏期を「マナーアップ月間」と称して，定期的に放送によって注意を呼びかけるということもやるようにしました。

　危機管理においても，職員間のコミュニケーション，利用者とのコミュニケーション，関係機関等とのコミュニケーションが大切であり，それがうまくとれるような条件づくりをすることが館長の役割です。

Q9 規則と制限についてどのように考えますか？

(1) 規則や制限は最低限に

　私が図書館で働き始めた1962年には，書庫と閲覧室というのが一般的な図書館の姿で，図書館規則もそれに対応したものでした。やがて，閉ざされた図書館から開かれた図書館への胎動期となり，墨田区立図書館では1964年に規則を改正しました。しかし，貸出は1人2冊10日間，保証人への葉書を廃止するというもので，「入館票」について論議はしたものの廃止はできませんでした。その後，1966年に入館票無記入式，館内利用無記入式，1968年には特別借出（冊数をたくさん借りられる方式）を考えたり，1972年には入館・館内チェックを廃止するなどしていって，1974年全面的に規則改正をして，入館票の廃止，貸出1人5冊3週間などに変更することができました。団体貸出30冊1か月間という規則も，文庫や日本親子読書センターの要望などを考慮し，300冊3か月間に改正したこともありました。

　こうしたことから考えてみますと，規則や制限についてはなるべく自由に，ということから考えるのが望ましいでしょう。墨田区立八広図書館では少し解説を加え，図書館規則を掲示し，佐賀市立図書館では図書館条例・規則の運用についての文書を作成しました（資料編参照）。

(2) 図書館サービスとして疑問に思うことに答えて

　図書館の利用に関して，利用者の方々から「規則」に関す

る疑問が寄せられます。ここではそのうちのいくつかと答を紹介しましょう。

①お話のグループがいくつか合同で,図書館で「お話会」を開きたいと図書館にお願いしたところ,他の市民に対して不公平になるので一部の団体に貸すわけにはいかないと断られました。図書館としての役割を果たしていないと思うのですが,どうでしょうか。図書館で「お話会」を実現させるには何をしたらよいのでしょうか。

　図書館活動が展開されるなかで,よりよいサービスを求めるのは自然でしょう。大勢の人が利用するようになり,なかにはいろいろな図書館を利用した経験のある人もいます。しかし,図書館サービスの格差や遅れなどもあり,図書館がわかるほどに疑問も深まるともいえます。

　その図書館での施設を貸す基準とお話会の位置づけがわかりませんが,図書館法第3条第6号「読書会,研究会,鑑賞会……を主催し,及びこれらの開催を奨励すること」の趣旨からみても,無料で行われるであろう「お話会」のためには施設を借りられると考えて当然でしょう。お話会は大切な図書館活動で,だれもが参加できて楽しめますし,図書館の行事としても広く行われていることです。お話を練習した市民が行うのは歓迎されるべきと思います。お話会に招待したり,実演したりして,わかってもらえるよう努力してみてください。

②文庫への団体貸出の期限などに,柔軟に対応していただくにはどうしたらいいですか。また,その際の不明本は文庫

で弁償していますが，なんらかの配慮をいただくことはできないのでしょうか。

文庫は，図書館法では第29条の「図書館同種施設」にあたり，図書館の仲間でもあります。図書館の肩代わりをしている面もある文庫活動への理解を広げることが大切です。図書館によっては文庫に対して，期限を柔軟に考えたり，弁償を免除しているところもあります。図書館規則等を調べて，期限や弁償についてどう解釈，適用できるか相談してみましょう。

③図書館資料の検索に，コンピュータ端末を設置することが多くなりましたが，若い人と違って使い慣れませんし，書名のわかっている1冊の所在を調べるだけなのに，長蛇の列で時間がかかってしまい，不便な思いをします。こんな利用者への対応を館長はどのようにお考えですか。

図書館では資料をコンピュータで検索することが多くなりましたが，利用者が増えれば，検索機の台数を増やして対応しなければなりません。また，検索できない人を援助したり，代わりに検索したりする窓口を設けることも大切です。「レファレンス」の窓口とは別に「資料案内」の窓口を設けるとか，探しやすい書架表示を心がけることなどが考えられますが，まずは長蛇の列の内容を調べて対策を考えたいし，職員はせめて声をかけて対応するようにしたいと考えます。

④期限が過ぎてから本を返すと，しばらく本を借りられないなどの罰則を設けている図書館があると聞きますが，図書館の利用制限，弁償について考慮すべき点はなんでしょう

か。

　本を返すのが遅れたりなくしたりすることは、だれにでもありうることで、むやみに罰則を設けるべきではありません。期限を過ぎている場合は注意するか、せいぜい遅れている資料を返すまでは借りられないぐらいにとどめるようにしたいと思います。図書館規則でどう定めているかによるし、悪質な場合（他人の迷惑を顧みない常習者）には、罰則もやむを得ないこともあります。

　弁償については、図書館条例・規則でどう定められているかですが、考え方としては、文庫などの活動をやっていて不明本となった場合とか、義務教育以下の子どもの場合、火事や盗難など災難にあった等の場合は免除する方向で考えたいものです。ただ、悪質な場合（故意と責められてもしかたがない）には弁償も当然でしょう。外国ではルール違反は厳罰というケースもあり、地域の事情によってちがうのではないでしょうか。

Q10　図書館行事へ市民はどのように参加していますか？

(1) あなた自身の住民参加を

「あなた自身の住民参加を」は，以下のあいさつのタイトルです。私の住民参加への思いが伝わると考え，掲載します。図書館活動にはいろいろな形の市民参加があると考えます。その地域の事情によるでしょうが，職場で討議し，市民参加の道筋を公開したいと考えます。

お茶が飲める図書館 － 別れのあいさつから －

　　　　　1996年1月20日　八広図書館長　　ちば　おさむ

　私が墨田区で働き始めたのが1962年の1月16日で34年と何日かになっているわけですね。八広図書館の青写真を書いたのが1976年ですから20年近くなります。実際に準備したのが1979年，そして開館が1980年の10月ですから，準備等含めて16, 7年になります。

　その間にどういうのがあるかなあということですが，ひとつは，今日お話し頂きました小針さん，この小針さんの紹介が八広図書館新聞の「びっと」にでておりますけれども，1983年，「東京の風景をスケッチする小針美男さん」ということで紹介し，1985年3月あたりからは，今もそうですけれど，小針さんが色々なことで連載していただいてますし，図書館にも色々絵を頂いたり，ロビーのところに今から何十年か前のこの辺の絵地図も飾られております。どうもありがとうございました。それから漆原［宏］

さんは，私は八広図書館の前にあずま図書館に17年半ほどいたわけですが，その頃から，なかなか商売にならないでしょうが，自分のやりたいことの一つとして図書館を撮って頂いている貴重な写真家だと思っております。

　今日はこの1年余りのなかでどういうことをやったかお話します。ちょうど伊藤［栄喜］さんが見えてますけど，月に2回リハビリ講座をやっているんですよね。ところが板の間に車椅子があのままだとあがれないんです。あそこにスロープがあればというのでスロープを作りました。こういう板を削って今はスロープで上がってもらうこともできます。

　それから一昨年の9月か10月から図書室に相談の窓口を作ってそこに椅子を置きました。集会室のところにお茶を飲めるようにしました。お茶の飲める図書館というのは何を象徴しているかというと，ずーっといられる図書館ですよね。本を借りていったらすぐ帰ってくださいというのではなくて，できることなら私はお弁当持って一日過ごせるような図書館ならいいなあと思っているんですけど，せめてお茶ぐらい飲んでいただいてと思っています。最近，私どもがやったということではないんですけど，ここの前にいらっしゃる藤山［光子］さんが，昨年の暮れから月に1回，板の間あたりを使って子どもたちにお話の会をして頂いています。私は，今のようなことで象徴されるのは，これからの図書館というのは，基本的に住民参加だと思うんですよ。住民の参加のしかたは色々あると思います。たとえば，図書館使ってお話し会やるのもそうですね。図書館の新聞に原稿寄せるのもそうですね。図書館に色々注文

つけたり,苦言を呈したりするのも一つの住民参加ですね。いろんなかたちで図書館を育てて頂きたいと,あなた自身の住民参加をぜひやって頂きたいと思います。よろしくお願いします。どうもありがとうございました。
(八広図書館新聞『びっと』第63号　1996年2月13日,墨田区立八広図書館発行　より)

(2) 市民が参加する図書館行事

八広図書館の開館のときは,特にセレモニーもなく,新規登録の応援に他の図書館から図書館員がかけつけ,和室にはお茶とお煎餅を用意したくらいのものでした。

佐賀市立図書館では,市民が企画から実施にいたるまで参加し,肝心の講演なども裏方のため聞けなかったなどということもありました。佐賀の開館記念イベントを以下に紹介します。

開館まつり
平成8年8月8日〜11日
主催　佐賀市立図書館開館まつり準備会
 8日　開館記念式典　樽太鼓　おはなし会　いわむらかずお講演会　草花あそび
 9日　千葉治館長講演会　おはなし会　腹話術　和太鼓
10日　午前　文庫まつり　おすすめの本の展示　しっちょこはっちょこの会　文庫まつり
11日　午前　対面朗読　おはなし会　腹話術　琴と尺八と語り　蒲原タツエ昔話　映画会
《4日間通し》いわむらかずお原画展　下村湖人自筆原稿

他展示　布の絵本　ぼくとわたしの愛読書ベスト3　いわむらかずお作品感想画と似顔絵展　音楽情報誌人気ベスト3クイズ　俳句と川柳展示（あなたも一句）

　最近は，市民参加による図書館でのギャラリー展示，音楽会などが行われることも多くなり，図書館まつりなど市民との共催，市民による開催というところもあります。
　佐賀市立図書館では実行委員会方式で，市民グループ等が開催するものもあります。

図書館まつり（第一回図書館まつり実行委員会議事録より）
　開館の夏は「開館まつり」を行ったが，翌年からは図書館まつりとなり，7月から8月にかけて委員会の主催や後援で多彩に行なわれます。事務局は佐賀市立図書館，実行委員は以下の通り。図書館協議会会長，佐賀県立図書館館長，佐賀県高度情報化推進協議会事務局長，図書館を友とする会・さが会長，佐賀子ども文庫連絡会会長，佐賀子ども劇場代表，佐賀科学少年団団長，佐賀県科学団体連絡会会長，NHK佐賀放送局局長，佐賀新聞社編集局長，サガテレビ報道局長，佐賀シティビジョン社長，FMさが社長，佐賀市教育長，佐賀市立図書館館長
図書館まつり　行事一覧
・文庫まつり－絵本・紙芝居・パネルシアター・エプロンシアターなどおもしろいお話を読んだり演じたりします
・朗読劇「この子たちの夏」－戦争の悲惨さをテーマにした朗読劇です
・ミュージカル「太陽の子」－劇団天童によるミュージカ

ルの上演
- 夏休み自由研究のポイント－専門の先生による自由研究のポイントの指導
- 中高生のつぶやきコンテスト－中高生の自慢のイラスト・プリクラ・メッセージ等を募集し，展示する。中高生による審査で優秀作品を選ぶ
- コンピュータ恋占い－コンピュータによる恋占い
- 手作り絵本作品展－手作り絵本講習会（佐賀市立図書館主催）でできた作品を展示
- 図書館の樹木に名前をつけよう－図書館のまわりにある樹木に名前をつける
- 野沢雅子講演会－悟空（ドラゴンボール）でお馴染みの声優・野沢雅子さんの講演会
- 赤木かん子講演会－児童文学者・赤木かんこさんによる講演会
- 上映会「ドラゴンボール」－映画館さながらの映像でお届けする上映会
- 川端誠講演会－絵本作家・川端誠さんによる講演会
- 川端・赤木のいいたい放題－川端誠さんと赤木かんこさんの対談
- ミニチュア電車大集合－ミニチュア電車を集めた展示　操縦もできる
- 手作り楽器で演奏しよう－いろいろなもので楽器をつくって（23日），できた楽器で演奏会（30日）をする
- 読書感想画作品展－昨年の九州読書感想画コンクールの優秀作品を展示
- 夏休み自由研究のまとめ－自由研究でわからなかったと

ころを，専門の先生におしえてもらう
（夏休み自由研究のポイントとまとめは各団体の協力を得て毎年行っている。）
・昆虫－昆虫の採集方法や標本の作り方，またいくつかの観察ポイント事例をあげながらアドバイス・昆虫標本の固定－ファーブル友の会・佐賀自然史研究会
・化石・岩石・天気－採集ポイントや標本の作り方，また天気に関する自由研究についてもアドバイス
・化石や岩石・鉱物の同定－佐賀県地学同好会
・天文－天体（星空）の観察方法や天文に関する自由研究のポイントをアドバイス
・天文に関する研究や観察のまとめ方へのアドバイス－佐賀天文協会
・植物－植物の採集方法や標本の作り方，研究のポイントをアドバイス
・植物標本の固定－佐賀植物友の会
・実験・観察－今流行の実験や観察のネタを紹介
・各種実験や観察などのまとめ方へのアドバイス－さが科学少年団

　行事については，「年中行事」からは恒例が，「催し物」からは人を集めるということが浮かびます。図書館は「集まる」ことが基本で，人や資料や情報が集まって，ともに使いあうところです。「集まる」ところで季節感，地域感，生活感をもって図書館行事を行うことは自然であり，市民の要望，持ち寄り，市民が参加することは大いに歓迎すべきことです。

私の体験したなかでも、図書館行事への市民参加が多彩にみられましたし、全国的にも館内外でいろいろな形で行われています。こうした動きは人々の活性化にもつながるでしょう。図書館としては、できるだけ制約することなく、押しつけるとか、指導するとかではなく、もっと条件整備に徹する考え方や態度、体制づくりが大切になってくると思います。

▲佐賀市立図書館・文庫連の講演会打ち合わせ（Photo©漆原宏）

Q11 ボランティアと図書館の関係はどのようなものが望ましいと考えますか?

(1) 図書館活動をより豊かにすすめるために

　ボランティアとは，自主的かつ無報酬で事業などに参加する人のことです。図書館ボランティアは図書館活動に参加しているボランティアのことで，広くとらえれば，文庫活動も図書館ボランティア活動といえるのではないでしょうか。日本図書館協会の調査によると，図書館ボランティアは，子どもに関する奉仕活動や，図書館利用に障害のある人への奉仕活動に参加することが多いようです。

　図書館法には図書館奉仕という言葉が出てきますが，この「奉仕」という言葉は，法律用語としては図書館法と国立国会図書館法，そして日本国憲法に「全体の奉仕者」ということで出てくるぐらいだそうです。そうしたことからみますと，「尽くす」というボランティアの心は「奉仕」ということに結びつきやすく，図書館活動には，ボランティアが参加していくことが多くあることを示しているのではないでしょうか。

　たとえば，子どもに，またすべての年齢層に対して「おはなし」をしたり，本を読みあったりすることは，図書館だけでなく，いろいろな人がいろいろな場で行ってよいことですし，参加してほしいものです。

　図書館利用に障害ある人への奉仕は，読書権，学習権保障の観点からは，ボランティアだけに頼るのではない態勢をつくって行うことが望ましいのはいうまでもありません。図書

館活動の各分野においても,本来なら職員を増やして行うべきことはあります。しかしながら,図書館活動には多くの人たちが参加できることがあり,図書館活動をより豊かに発展させていけるところも多くあります。

阪神・淡路大震災での活動や,国境なき医師団の活動など,ボランティア活動は脚光を浴び,理解されるようにもなってきていますが,一方,ボランティア活動をねじ曲げるような動きもみられるようです。図書館活動がボランティアによってより豊かになる,人の輪が広がるというのはよいのですが,活動範囲が広いため,ボランティアまかせとか頼りがちになる「諸刃の剣」の危険性もあり,ボランティアの受け入れについて職場のきちんとした対応が求められます。ボランティアへの正しい理解と行動が大切な時代になってきています。

(2) 図書館活動をともに楽しむパートナー

日本図書館協会の『日本の図書館』調査によると,子どもへの奉仕,障害者奉仕の分野で活動している図書館ボランティアが多くみられます。お話会や人形劇など子どもに関する行事,大型紙芝居・布の絵本づくり等,対面朗読や録音図書・点字図書の作成などが行われているようですが,なかには疑問に感じるものもあります。

図書館ボランティアは,図書館活動をより豊かに広げるために参加してもらうもので,図書館員がすべきこと,利用者が不安に感じるような活動に参加してもらうべきではありません。ボランティアはあくまでも自主的なものであり,組み込んで強制されるべきではないでしょう。

ある館長は,「図書館の活動を共に楽しむということでや

っていきたい」と図書館友の会の結成について話されています。そこの図書館友の会では、広報・美化・書庫出納・通訳等の班に分かれてボランティア活動をしているそうです。また、ある図書館の広大な庭の美化に取り組んでいる家族は、「楽しいんですよ、負担になっていないんです」と語って、「ボランティアという意識は？」という質問に対して「ない、ない」と答えています。

　その図書館では、公園の美化のほかに、お話会やピアノの演奏、お花を生けるなどのボランティア活動もされているようですが、館長は、「住民の批判と協力が必要、緊張関係が必要だと思うんですよ」と話されています。「批判」、裏を返せば「提言」もまた、ボランティア活動ととらえられているようです。

　考えてみれば、図書館同種施設に位置する文庫活動もボランティア活動で、図書館活動の同志でしょうし、図書館友の会も、図書館事業に参加するだけではない、図書館と対等な自主的な存在、「図書館のパートナー」ですが、ボランティアといえなくもないでしょう。

　図書館ボランティアといっても、無償というばかりではありません。「図書館利用に障害のある人々へのサービス」にかかわる奉仕者に、若干の費用などを渡したり、交通費、材料代など実費を払うことも多くなっていますし、お話のボランティアに報酬を払っているところもあります。「なかばボランティアで」ということもやむを得ないことかなと思いますが、そうした活動には、きちんとした報酬を払うべきだという考えも理解できます。

　なお、ボランティアとして参加してもらうときには、「利

用者のプライバシーを守る」ことについて，十分理解してもらうことが大切です。また，「対面朗読講習会」など研修の機会を図書館が用意することは必要です。

図書館活動のなかには，多くの人たちが参加できることがあるし，多くの人の参加によって図書館活動をより豊かに展開することができます。図書館ボランティアといっしょに図書館活動をすすめていきたいものです。

(3) ボランティア受入れのメリットと問題点

小学生から大学生にいたるまで，図書館でボランティア活動をしたいといわれることがよくあります。その動機はいろいろですが，やってみての反応は共通するところがあるようです。見た目には暇そうに見えるとか，楽そうに見えるというのが，やってみて面白かったとか，やりがいがあったものの大変な労働だった，ということでは一致しているのです。

そうしたことからみても，図書館活動に参加してもらうことは，図書館を理解する上でたいそう役に立つことです。もちろん，労力面で助かるとか，より豊かな図書館活動が展開できるという面も否定できません。しかし，いっしょに図書館活動を行っているという連帯感もメリットといえるでしょう。

問題点は，メリットと裏腹の関係にあって，労力として当てにすることにつながったり，参加する人によっては図書館活動にとってマイナスにならないとも限らないということです。利用者のプライバシーを守るという点にも注意を払う必要があります。「図書館の自由に関する宣言　1974年改訂」においても，「図書館活動に従事するものの理解を求める」

といっているように，プライバシーを守ることについても，図書館ボランティアに理解を求めることになるでしょう。

　一般的にカウンターの内側の仕事は図書館員というように，ボランティアを受け入れるための基準のようなものを，その図書館なりに用意することは必要です。また，きちんと参加してもらうためにも，研修の機会を用意することも大切です。ボランティアとして活動しているときは，図書館ボランティアとわかるように名札やエプロンを用意したり，休憩等の設備も調えたいものです。

　また，図書館ボランティアに個人で参加する場合と，団体で参加する場合のいずれも可能にしておくことが大切です。ただ，団体が継続的に参加している場合は，その団体の意向によって図書館活動に支障がないように考えておきます。

　ボランティアの参加を拒否する図書館もあると聞きますが，図書館活動は多くの人たちが参加できる幅広いものを含んでいて，そうした参加によってより豊かな図書館活動の展開ができるということもあるので，できるだけ参加できるようにしたほうがよいと思います。図書館法に，図書館同種施設はだれでもつくれるというのは，その辺の事情をいっています。

　ただ，逆に，ボランティアを当てにしてしまってはいけません。ボランティアというのは，自らの健康や精神衛生によく，生き甲斐にもなるとしても，あくまでも自主的なものです。無償を原則に，自分の能力や労力を他人のために，社会のために尽くすことです。こうした活動は図書館活動に限らず，これからの社会に大切なことです。

Q12 指定管理者制度について、どのように考えますか？

　指定管理者制度に限らず，世の中の動きに関して図書館長はよく学び，意見を表明しなければなりません。特に，首長などへの働きかけと市民への情報提供が必要です。元図書館員で現行革担当職員が，職場からの声の必死さがあればといっていました。その声を集めてアピールするためにも，日頃から情報を集め，発信していくことが重要だと思います。

　「ユネスコ公共図書館宣言1994」には，「この宣言は，公共図書館が教育・文化・情報の活力であり，男女の心の中に平和と精神的幸福を育成するための必須の機関である，というユネスコの信念を表明するものである。……公共図書館は原則として無料とし，地方および国の行政機関が責任をもつものとする。それは特定の法令によって維持され，国および地方自治体により，経費が調達されなければならない」とあります。これは，日本国憲法の「平和主義」，旧教育基本法の前文「理想の実現は，根本において教育の力にまつべきものである」，図書館法の「公立図書館は，入館料その他図書館資料の利用に対するいかなる対価をも徴収してはならない」とする精神に通じるものです。

　図書館は人類共同・共用の記憶装置として生み出され，発展していけるように，行政が責任を持ち，公費により，資料・職員・施設の図書館の三要素を整えていくものです。

　資料や情報が的確に得られ，互いに交流しあい，地域社会・人類共生の拠点としての多様性を許容できる快適空間として

の図書館は,どのようにして実現できるのでしょうか。

『図書館を友とする会・さが』26号に「指定管理者制度って何?」という記事があり,「現在東京23区中11区,69館が導入済み。今年4月以降,東与賀,北九州など多数導入される予定」と書かれています。ちなみに,東京23区の場合は,窓口部分を委託しており,指定管理者制度を導入しているのではありません。指定管理者制度というのは民間等に「丸なげ」することで,公の責任放棄にほかなりません。

私が北九州市立中央図書館長に会ったとき,首長の考え方が大きく,職員の反応もあまりなく,市民の運動も大きくないようなことをいわれました。しかし,インターネットで北九州の図書館協議会議事録をみると,有料化のことなどが見え隠れしています。一方,鳥取県では片山善博知事(当時)が図書館の指定管理者制度はしないと表明されています。つまるところ,指定管理者制度を導入するかしないかは,自治体の理解と見識によるものでしょう。(『図書館を友とする会・さが』27号,2005.5.20 より抜粋)

『図書館を友とする会・さが』28号,29号の利用者懇談会や講演会の記事にも,指定管理者制度が触れられています。2005年10月の市長選挙立候補者の公開質問状から,指定管理者制度の項目について抜粋します。

　図書館法の行政について,近頃は業務委託や指定管理者制度の導入などが進められています。特に,指定管理者制度については,「①利用者のプライバシーの保護が充分に管理できるだろうか。②図書館サービスがコストに見合わなければ切り捨てられないだろうか。③競争の原理を理由に運営が企業秘密になり,経営が不透明で,監査機能が届

かなくなるのではないか。④指定管理の期間は 3 年か 4 年で、継続的な勤務の専門性の蓄積が保障されず、サービスの一貫性や継続が守られるだろうか。」などの問題が指摘されています。このことについてどうお考えですか。

この質問に対し、当選した候補からの回答は以下のものでした。

　業務委託をするにしてもごく一部で、どの部分を委託するかは慎重に検討します。指定管理者制度導入はしっかりした専門的公共サービスを継続する必要のある図書館にはなじまないと考えています。

当時、市長候補の公開討論会が佐賀新聞の主催で開かれたり、上記公開質問状が他の問題とともに新聞に載ったりしたもので、市民運動そしてマスコミの大切さを思います。

最近では、図書館関係市民団体による中央政府や国会議員への働きかけや、図書館協議会やマスコミによる「指定管理者ノー」の動きも見られます。また、指定管理者の弊害も言われています。

「真理がわれらを自由にする」は国立国会図書館法の前文にありますが、これは、図書館が真理探究の砦と言われるように、すべての図書館が大切にしなければならないものです。現場の責任者である図書館長は、図書館を理念として主張するだけでなく、各地の状況も含め、現場の実態を明らかにしていくべきです。図書館長が「真実を明らかにする」「指定管理者制度についても図書館の実態から明らかにしていく」ことは、まさに、真理がわれらを自由にするということにつながるでしょう。

第 Ⅲ 部

資料編

館長引継書から
－実践のために－

はじめに

　2002年3月17日，私は「佐賀市立図書館長引継ぎ目録」を作成しました。開館した1996年から6年在任し，退職を考えていた1年前からの館長日誌（メモ程度）を含み，『図書館雑誌』『みんなの図書館』等の雑誌を整理する機会としました。在任中私が撮影した，図書館での講演会等のビデオも雑誌等といっしょに「ちば文庫」として残すことにしました。

　目録の一覧は以下ですが，10点ほど抜粋し，それに本文に触れられた資料を追加して収録しました。

1. 佐賀市立図書館運営綴　館長用，参考袋
   佐賀市立図書館運営方針
   佐賀市立図書館条例・規則の運用について
   第17回佐賀市立図書館懇話会報告書
   ボランティアの受け入れについて
   姉妹図書館盟約書
   佐賀市立図書館建設の経過について
   警備マニュアル
   佐賀県公共図書館資料相互貸借規程
   佐賀子ども文庫連絡会・会員名簿
   第一回　図書館まつり実行委員会　議事録
   佐賀市立図書館の業務内容
   公民館図書室とのネットワークに関する検討資料
2. 館長日誌　2001年4月1日〜2002年3月末日，関連資料袋
3. 館報・要覧等ファイル
4. ローテーション表・図書館業務分担等ファイル
5. 電話番ファイル（電話機取扱説明，電話番号一覧，電話応対マニュアル等）
6. 内線番号表ファイル
7. 見学案内用資料（施設案内，利用案内，各年度要覧，整備基本計画等）

8. 係長会ファイル
9. マニュアル綴
10. 予算綴（平成8年度，平成9年度，平成13年度）
11. 館長蔵書箱内資料（「佐賀市図書館情報ネットワーク形成事業」推進計画書等）
12. 住民の図書館活動ファイル　2冊
13. 「ちばおさむ　図書館関係雑誌」文庫　520冊
14. 「ちばおさむ　ビデオ」文庫　65点
15. 職員研修用等ビデオ　8点
16. 色紙ホルダー　2点（講師等の色紙が収めてあり貴重）
17. 海水魚　写真額　2点（佐賀出身の写真家　吉浦宏治さんの寄贈）
18. 表彰状等いただいた額　数点

その他　いただいた手作り作品などいろいろ

佐賀市立図書館条例・規則の運用について

条例関係
○第3条第4号「読書会，研究会，鑑賞会，映写会，展示会等を開催し，その奨励を行うこと」
　第3条第4号の奨励には，施設，資料，道具，人材の提供も当然含んでおり，それに該当するものについては代価は不要である。
○第4条「図書館に館長その他必要な職員を置く」
　第4条のその他必要な職員とは，司書，事務吏員，技術吏員などを指す。
○第8条「自己の責めにより図書館の施設，設備等又は図書館資料を損傷し，又は滅失した者は，その損害を賠償しなければならない」
　第8条の自己の責めとは，故意であるとか重大な過失に限定し，学校，文庫等への団体貸出し時における適切な管理下での亡失等や，義務教育未終了者に係るものについては，配慮すべきものとする。

規則関係
○第4条第1号「所定の場所以外で，喫煙，飲食をしないこと」
　第4条第2号「許可なく物品を展示し，又は販売しないこと」
　第4条の所定の場所とは
　・喫煙については，屋外とする。(屋外読書室, 2階東バルコニー，東西玄関外，館長室，南アメニティスペース) スタッフルームでの休憩時の喫煙については，空気清浄器具を使用するよう努力すること。
　・飲食については，「はなさき」の他に，1階のエントランスホール，屋外読書室, 2階ロビー東とする。なお集会室を許可を得て使用する場合についても可とする。
　・第4条第2号における許可の対象については，図書館行事（図書館法第3条，条例第3条4号の自主的なものを含む）に関連し，かつ営利を目的にしないものとする。
○第5条第2項第3号（貸出の対象）「図書館長（以下「館長」と

いう。）が適当と認める者」
第5条第2項第3号の館長が適当と認める者とは
・条例・規則を守るものは誰でも認めることとする。
・旅行者等一過性のものについても原則認めることとする。
○第6条第3項「利用カードを紛失し，若しくは損傷し，又は利用申込書の記載事項に変更があったときは，速やかに館長に届け出なければならない。」
第6条第3項の利用カード紛失等の取扱については，
・利用カード再交付は，紛失届け出1か月後とし，その間はその人の電話番号，生年月日等で確認し仮カードを渡しそれにより貸出しをする。
○第7条第2項「前項の規定にかかわらず，館長が特に必要と認めるときは，図書館資料の貸出数量及び貸出期間を別に設定することができる。」
第7条第2項の館長が必要と認めた場合，貸出し数量，期間を指定できるが，これについては，
・利用にハンデキャップがある者及び特定の事情があるものから申し出があった時に別に指定することとし，この場合，当面カウンターでの貸出しは行わず別の場所で貸出す。
・子ども文庫の貸出期間は，学校なみに扱う。(3か月以内)

【解説】　これは1997年2月8日の館長名の文書です。条例や規則は大まかに定められていて，館長の裁量の余地がかなりある場合が多く，解釈如何によっては大きく運用が異なってくるので，ある程度はきちんと方針を定めておくことが望ましいでしょう。この文書は，私のこれまでの図書館経験と佐賀市民の声などを考慮しながら，館内の会議等で相談しつつ定めたものです。もちろん，これですべてが対応できるものではなく，その都度判断を加えることも出てくるし，運用そのものを改変する必要も出てくるかもしれません。

　図書館長として，条例・規則のもとで図書館運営をどのようにしていくかは大事なところです。佐賀市立図書館では，館長，副館長，副館長補佐，庶務係長，サービス1係長，サービス2係長の6名による会議を

毎週もって、さまざまなことをそこで決定していました。たとえば、図書館資料の旅行者への貸出については、仮カードで行えばよいと思っていましたが、この会議での意見をとりいれて上記のように定めました。そのほか、点字図書館のボランティアからの要望を考慮して定めたものもあります。

図書館懇話会設置要綱

(設置)
第1条　佐賀市立図書館建設に当たり、その学識を有する人及び利用する人達から、広く意見を求めるため佐賀市立図書館懇話会を設置する。
(協議事項)
第2条　懇話会は、次に掲げる事項を協議する。
　(1)　佐賀市における図書館計画に関する事項。
　(2)　図書館の機能及び施設に関する事項。
　(3)　図書館の資料及びその整理に関する事項。
　(4)　図書館の管理に関する事項。
　(5)　その他、図書館設置に関して必要と認められる事項。
(組織)
第3条　懇話会は、委員20名以内をもって組織する。
　　そして、名簿の選定区分について紹介します。
　会長、図書館専門代表、公立図書館代表2名、学識経験者（大学）、学識経験者（マスコミ）2名、小中学校教育関係代表、公民館協議会代表、子ども文庫代表、青少年育成代表、婦人会関係代表、青年会議所代表、読書グループ代表、図書館を考える会代表、老人会代表、障害福祉協議会代表、市議会代表、市議会文教委員長
　※そこに教育長、教育次長、図書館開設室（懇話会の庶務にあたる）が加わっています。

【解説】　図書館の勉強会のあと、市民各層の20名ほどからなる「佐賀市立図書館懇話会」が発足し、図書館の内容を形づくっていきました。い

ろいろな図書館を見学したり，調査を行ったり，議論を闘わせたりしました。事務局は「佐賀市立図書館準備室」（後に「佐賀市立図書館開設室」）で，克明な議事録が残されていました。懇話会は5年間に17回会議を開いていて，その膨大な記録をみると，佐賀市立図書館のイメージを形づくり，推進力となっていったことがよくわかります。懇話会会長のリーダーシップ宜しきを得てといったところではないでしょうか。私が出席した17回目で懇話会は解散し，図書館協議会がもたれることになりました。そのとき，委員の方から今までの議事録に目を通してほしいといわれたのでした。

佐賀市立図書館早期建設についての陳情書

＜陳情の趣旨＞

　私達は昭和61年，佐賀市に図書館の建設を陳情しました。幸い翌62年の選挙で，図書館の建設を公約された現市長の当選となり，同年には調査費もつき，図書館専門家や子供文庫代表等も参加する勉強会が発足しました。しかし，その後3年を過ぎたにも拘らず，いまだに基礎的な調査研究の域を脱していない有様です。ことし3月，ようやく勉強会による報告書（佐賀市立図書館設置に係る基礎調査研究報告書）が提出されましたが，同報告書によると，昨年度は会合と視察が1回ずつ行なわれたにすぎず，研究は足踏み状態にあるとしか受け取れません。同会その他から提起された市民意識調査も実施されておらず，マスコミへの広報も誠に消極的です。市民の大方は，佐賀市に図書館を作る計画があるのさえ知らないというのが実状でしょう。市はその後6月に，勉強会の報告書を新聞に発表した際「この報告書を基に，本年度に策定する来年度から向こう10カ年の市の新総合計画に図書館の建設を盛り込み，基本構想を策定する方針」と語っています。しかしこの言葉も，取り組みの現状を見ておりますと「この10年位の間には図書館を建設したい」くらいの意味にしか受け取れません。私たちが図書館の建設を陳情したのは，図書館が市民生活上必要欠くべからざる文化施設だからですが，加えて県内7市のうち佐賀市だけ図書館がなく，県内の図

書館活動のネックになっていることや,全国の県都で図書館がないのは5市だけと言う落ちこぼれ的状態にあったからです。この5市のうち,鹿児島市はすでに建設中です。「10年位の間に建設したい」では全国最後になりかねません。また,前記新聞発表の際,市は「勉強会は継続し,本年度は図書館サービスのネットワーク化を研究する」と語っています。ネットワーク化の研究はたしかに大切です。が,図書館の建設なしに,ネットワーク化が実際的なものになるとは考えられません。図書館建設への具体的な取り組みが早急になされるべきだと考える次第です。

＜陳情の内容＞

　市の10カ年新総合計画の重点事業として,図書館の早期建設を盛りこんでいただきたい。

　館長候補者を中心とする建設準備室を設置し,土地の取得など建設への具体的取り組みに直ちに着手していただきたい。

　市民意識調査や新聞その他による積極的な広報活動により,図書館に対する一般の関心を高めるよう努力して下さい。

　市民の意見を幅広く集めるため,だれでも参加できる話し合いの場を設置して下さい。

　1990年10月24日　　陳情者　別紙101団体（省略）
　責任団体　佐賀の文化をつくる会

図書館の沿革（平成13年度「要覧」より）

　佐賀市の市立図書館建設事業は,平成3年度に自治省のリーディングプロジェクト事業「佐賀市図書館情報ネットワーク形成事業」として指定を受けた。その後,推進計画（基本構想・基本計画）を策定し,平成6年10月建設に着手。平成8年3月に完成し,同年8月に市立図書館のオープンとなった。佐賀市の図書館サービスは,平成5年5月の開成公民館図書室のオープンにはじまる。開成公民館図書室は,本館の開館までの間,市民への図書館サービスの拠点として,また,所員研修の場として大きな役割を果たしてきた。平成8年8月8日の本館の開館により,本格的な図書館サービスを開

始し，同年10月の金立公民館図書室のオープン，同年12月の自動車図書館の運行開始により，市内全域にサービスを拡大した。また，平成10年10月には3番目の分室である鍋島公民館図書室が平成12年10月には4番目の分室である高木瀬公民館図書室が開室し，サービス区域がさらに拡大した。

【佐賀市立図書館建設の経過】

1986年11月	市立図書館建設に関する陳情書提出される（佐賀の文化をつくる会）
1987年 6月	定例市議会に市立図書館設置構想表明（市長）
8月	市立図書館の設置に係る勉強会設置，基礎的調査研究を開始
9月	第1回市立図書館設置に係る調査研究に着手（1991年3月まで10回開催）
11月	第1回先進市立図書館視察（浦安・日野・小平・藤沢・津・倉敷・松江）
1988年 7月	市立図書館設置構想策定のための基礎的調査研究を委託（西日本図書館学会）
10月	第10回九州・沖縄図書館づくりの集い，大分・佐伯・三重町図書館視察
	第2回先進市立図書館視察（墨田区立八広・墨田区立あずま・練馬区立大泉・日野市立高幡・名古屋市立鶴舞・安城市）
12月	佐賀市立図書館設立に関する趣意書提出される（佐賀の文化を考える会）
1989年 3月	第3回先進市立図書館視察（玉名・八代），市立図書館設置構想策定のための基礎的調査研究報告書まとまる（西日本図書館学会佐賀県支部提出）
1990年 3月	第4回先進市立図書館視察（人吉・熊本・出水・川内）
10月	佐賀市立図書館設置に係る基礎調査報告書まとまる 市立図書館早期建設についての陳情書提出さる（佐賀の文化をつくる会）

1991年	1月	鹿児島県立・鹿児島市立図書館視察
	3月	佐賀市総合計画の重点施策として掲げる（建設用地の確定）
	4月	基本構想策定に着手
	6月	市立図書館設置に係る基本構想懇話会設置（20名），「こんな佐賀市立図書館を－20年長期計画その1」を市に提案（佐賀の図書館を考える会） 「図書館建設としての公民館調査と市立図書館ネットワークについて」要望書を市に提出（佐賀の文化をつくる会） 「リーディング・プロジェクトの推進事業について」協議
	7月	「リーディング・プロジェクト」指定申請
	10月	「佐賀市図書館情報ネットワーク形成事業」として，自治省のリーディング・プロジェクト事業の指定を受ける
	11月	推進計画策定調査業務を，地方自治情報センターに委託
	12月	佐賀市図書館情報ネットワーク形成事業推進計画策定委員会の設置　同幹事会の設置
1992年	4月	佐賀市立図書館建設準備室設置（職員1，嘱託2，10月職員2，嘱託4） 鳥栖市立図書館視察
	5月	佐賀市議会，文教民生委員会「市立図書館情報ネットワーク形成事業」についての研究会開催，鹿児島市立図書館視察
	7月	「佐賀市図書館情報ネットワーク形成事業」の推進計画（基本構想・基本計画）策定
	8月	推進計画書により自治省に事業採択申請
	9月	「佐賀市図書館情報ネットワーク形成事業」リーディング・プロジェクト事業として自治省の事業採択を受ける
	10月	図書資料購入開始，藤沢市立・日野市立図書館・府中の森文化センター視察

	12月	設計業者選定のためのプロポーザル実施
1993年	2月	図書館設計業者決定
		岡山市立中央・宇部市立・大津市立・茨木市立図書館視察
	3月	苅田町図書館視察
	4月	図書館開設室発足(室長1,職員4,嘱託5),建築設計着手(基本計画・実施計画 1994年3月完了),愛知県立・茨木市立図書館視察
	5月	開成公民館図書室オープン(5月6日),鳥栖市立・筑紫野市立図書館視察
	7月	町田市立・藤沢市立図書館視察およびハイビジョン視察
		浦安市立・荒川区立・大垣市立・京都市中央図書館視察
1994年	1月	三田市立・箕面市立図書館視察,苅田町立・福間町立図書館視察
	2月	神戸市立・明石市立図書館視察
	7月	行橋市立・鳥栖市立図書館視察
	8月	宗像市立・久留米市民図書館視察
		図書館建設工事に着手(10月7日 起工式)
	11月	佐世保市立図書館視察
1995年	3月	電算導入機種決定
	4月	図書館開設室増員(室長1,職員6,嘱託5)
		寄贈本搬入(大分・漫画図書館くにさき)14,000冊
	11月	図書館長=千葉治氏決定
	12月	佐賀市立図書館条例制定(12月22日付,施行1996年4月1日)
1996年	1月	佐賀市職員(司書専門職員)募集受付開始
	2月	登録申し込み受付開始,定礎式(2月6日)
		佐賀市職員(司書専門職員)採用試験実施
	3月	竣工式(3月22日)
	4月	佐賀市立図書館条例施行規則制定(施行は条文により異なる)

	佐賀市立図書館設置（館長1，副館長1，職員14，嘱託18）
5月	全国市町村あて資料送付依頼（宛先3,300市町村）
	大使館・領事館・観光局あて資料送付依頼
6月	自動車図書館愛称「ブーカス」に決定
7月	第1回図書館協議会開催，図書館見学会
8月	佐賀市立図書館開館（8月8日）
9月	図書館ボランティア「図書館を友とする会・さが」発足（9月28日）
10月	金立公民館図書室オープン（10月13日）
11月	市立ハイビジョンシステムが，96年度ハイビジョンアウォード「会長賞」受賞
1997年 1月	自動車図書館出発式（1月7日）
6月	平成8年度照明普及賞（優秀施設賞）受賞
1998年10月	鍋島公民館図書室オープン（10月4日）
1999年 3月	推進計画検討委員会
2000年 3月	「佐賀市立図書館整備基本計画」策定
10月	高木瀬公民館図書室オープン（10月8日）

図書館のコンセプトと運営方針（平成13年度「要覧」より）

CONCEPT

1. いろんな人の交流の場である

図書館は老若男女を問わず誰もが楽しめる場所です。いろんな年齢，いろんな立場の人が図書館に集まって来ることによってバラエティに富んだ素敵な交流が生まれてくるのです。

2. マルチメディア情報センター

図書館はたくさんの情報が，いろんな形で集まっている場所であると同時に，情報（特に地域の情報）そのものをつくり出す所でもあります。佐賀市立図書館は，このような情報をいろんなメディアを使って発信したり，受け取ったりすることが出来るマルチメディア

情報センターとしての機能を持っています。
3. 生涯学習の拠点
図書館にはたくさんの本やビデオ，CDなどの資料が集まっており，自由に手にとったり借りたりすることが出来ますが，それ以外にいろんな分野の講演会，お話し会，人形劇や紙芝居，さらには音楽会やおどりの発表まで，ありとあらゆる催し物が行われます。まさに市民の生涯学習の拠点となります。

運営方針
　運営の基本／市民と共に育てる視点で図書館運営を行う。
1. 真理と愛情を基本に，市民のひとりひとりに血の通った図書館サービスをすすめます。
2. 資料・情報提供を基礎に，市民の要求に図書館組織網で応えると共に，市民相互の交流を図り，地域の文化環境の向上に努めます。
3. 図書館法，佐賀市立図書館条例・規則に基づき，あわせて，ユネスコ公共図書館宣言，ユネスコ学習権宣言，図書館の自由に関する宣言，図書館員の倫理綱領を尊重して運営します。

佐賀市立図書館集会施設運営要領　2000.12.26

1. 佐賀市立図書館集会施設は，佐賀市立図書館条例及び施行規則に基づき，市民の教育と文化の発展に寄与するため，この要領の定めるところにより，市民の学習・文化活動の場として提供します。ここでいう集会施設は，多目的ホール，大集会室，和室，中央ギャラリー，ロビーギャラリー等です。
2. 条例第3条(4)に掲げる集会等の利用は，無料とします。ただし，図書館活動と認定されない利用については，条例第5条と第6条の規定によります。
3. 集会施設の利用時間は，原則として図書館開館時間内とします。
4. 集会施設における展示期間は，原則として2週間（火曜～日曜）を単位とします。
5. 利用者の資格は，市内に居住し，または通勤，通学する個人及び

市内に所在する団体，その他館長が適当と認めたものとします。
6. 利用の手続きは，次のとおりとします。
   (1) 条例第3条(4)に掲げる集会等の利用者が，集会施設を貸切で利用しようとする場合は，利用期日の1か月半前から，利用前日までに使用申請書を提出し，館長の承認を受けるものとします。
   (2) 館長は，利用を承認したときは，使用許可書を交付するものとします。
   (3) 利用の承認は申込の順序により，申込順の判定が難しいときは抽選とします。
7. 館長は，次の各号の一に該当すると認めたときは，利用を承認しないものとします。
   (1) 営利を目的に使用するとき。
   (2) 施設内の秩序・風俗を乱す行為にあたるとき。
   (3) その他管理上支障があると認めるとき。
8. 館長は，次の各号の一に該当すると認めたときは，利用の承認を取り消し，または利用を停止することができます。
   (1) 利用者が，この要領または館長の指示に従わないとき。
   (2) 災害，その他の事故により施設が利用できないとき。
   (3) 前各号のほか，館長が特に必要があると認めたとき。
9. 利用者は，次の事項を守ることとします。
   (1) 利用の権利を譲ったり，また貸ししないこと。
   (2) 利用する備品等の準備及び整理は，自主的に行い利用後は原状に復すること。
   (3) 集会室等での飲食はできますが（飲酒目的は不可），ごみ等は必ず持ち帰ること。また，湯沸室を使用される場合は，館長の承認を受けるものとします。
   (4) 利用者は，利用に際し，集会施設に特別の施設を設けたり変更を加えてはなりません。
   (5) 利用者は，自己の責めにより，施設・器具を損傷し，又は滅失した者は，その損害を賠償しなければなりません。
   (6) その他係員の指示に従うこと。

佐賀市立図書館集会施設利用案内　2002.2.2

　佐賀市立図書館には，多目的ホール，大集会室，和室，中央ギャラリー，ロビーギャラリーなどの集会施設があり，読書会，研究会，鑑賞会，映写会，展示会など市民の図書館活動にご利用いただけます。ただし，図書館の主催・共催事業が入っている期間は除きます。なお，「佐賀市立図書館集会施設運営要領」もご覧ください。

■利用の申し込み
・図書館に備付けの使用申請書を提出し，許可を受けてください。
・申し込みは，利用しようとする日の1か月半前からできます。
・受付時間は午前10時から午後5時までです。
・受付場所は二階事務室です。
・電話や手紙などの申込みは受け付けません。
・利用申込順の判定が難しいときは，抽選により決定します。

■利用時間及び期間
・午前10時から午後7時まで（日曜・祝日は午後5時まで）
・利用時間には準備及び後片付けの時間を含みます。
　展示等の準備及び後片付けも開館日の開館時間内にお願いします。
・利用期間は，同一施設について3日を超えることはできません。
　（展示施設については，原則として2週間利用いただけます。）

■休館日
・月曜日
・毎月最終木曜日
・特別整理期間（6月1日から同月7日まで）
・年末年始（12月29日から1月5日まで）
・休館日を変更し，または臨時に休館することがあります。

■利用料金　無料（図書館活動以外の多目的ホールの利用は有料です。）

多目的ホール　　　　165　　　　150席

大集会室	100	90席
和室	35	15畳
中央ギャラリー		
ロビーギャラリー		

■その他
・備品等の準備及び整理は,自主的に行い利用後は原状に戻してください。
・利用に際し,集会施設に特別の施設を設けたり変更しないでください。
・集会室等での飲食はできますが(飲酒目的は不可),ごみ等は必ず持ち帰ってください。
・ポット,湯呑茶碗,急須はありますが,茶葉は持参ください。

姉妹図書館盟約書

　佐賀市立図書館とクランドール図書館は,佐賀市とグレンズフォールズ市との姉妹都市締結の精神にもとづき,ここに両図書館が姉妹図書館の関係を確立することに合意する。
　佐賀市立図書館とクランドール図書館は,両市の姉妹都市交流の市民向け窓口として大いなる役割を果たし,両市の住民が,それぞれの地域の教育,文化を正しく理解することに寄与するとともに,今後いっそうの交流を図るべく,ここに姉妹図書館の締結を行う。
　ついては,佐賀市立図書館とクランドール図書館は,ヴィンセント・デサンティス市長及びクリスティーン・マクドナルド館長を佐賀市立図書館の開館記念に迎え,両市民のために互いに協力して両市及び両館の友好関係を継続,強化していくことを決意し,ここに宣言する。
　平成8年8月8日
　佐賀市長　グレンズフォールズ市長
　佐賀市立図書館長　クランドール図書館長

【解説】　佐賀市は，市域のほとんどが南の有明海から続く低平地で占められていて，1980年から毎年，秋になると稲刈りあとの佐賀平野の上空に，たくさんのバルーンが舞い上がります。この熱気球は風まかせの乗り物であるため，広大な空き地はこの熱気球にとって格好の場所となります。毎年11月になると，世界でも最大級の熱気球国際大会が開催され，世界各地からの参加もあって国際交流の風景もみられます。佐賀市はこの熱気球がとりもつ縁で，アメリカのグレンズフォールズ市と1989年から姉妹都市となっています。今回の佐賀市立図書館開館にあわせて，姉妹図書館締結式となりました。佐賀での熱気球大会の時期には，図書館にも訪問されることがあり，中学生が互いにホームステイしたりしましたが，図書館員の交流までにはいたりませんでした。図書館ではコーナーをつくったり，図書館まつり等で姉妹都市の子どもたちの作品を紹介したり，バルーン大会の写真の展示などを行ってきましたが，この国際交流に対して1999年7月，米国図書館協会からクランドール図書館は表彰されました。

佐賀市立図書館資料検討委員会運営要領

第1条　目的
　　内容や表現が社会的，特に青少年に対して悪い影響を与えるのではないかと指摘された資料を検討し，佐賀市立図書館における取り扱いや今後の方針を決定する。
第2条　検討機関名称
　　佐賀市立図書館資料検討委員会
第3条　委員会の構成
　　委員会は以下の①〜④より最低各1名，計3名以上の出席をもって成立するものとする。
　① 　館長，不在の場合は副館長
　② 　係長以上
　③ 　マネージャー会議出席メンバー
　④ 　資料係担当（事務局）マネージャー会議出席メンバーと兼ねてもよい。

なお，希望者は自由に会議に参加できるものとする。
第4条　委員会開催日
　問題資料についての指摘発生より2週間で審議を終了し，佐賀市立図書館としての今後の取り扱いを決定する。
第5条　審議の流れ
　審議については以下の流れを基本とし，支障ある場合は，その都度協議して方法を定める。
　① 利用者，職員等から問題あり資料についての指摘発生。
　② 館長判断により，第一回資料検討委員会開催。今後の審議の流れを確認。要審議の場合，資料係担当が責任を持って資料を一時書庫へ保管する。指摘の内容，今後の審議の流れ，保管時の利用者への対応などは館長より職員へ報告。
　③ 問題資料について各班ミーティング時に職員間で協議。各自の考えを資料検討委員が集約する。
　④ 第2回委員会開催。職員の意見を踏まえ，その資料の今後の取り扱いや問合せに対する対応を協議。
　⑤ 決定事項を館長より職員へ告示。必要な場合は館外や，教育委員会等に決定事項を報告する。
第6条　審議の基準
　佐賀市立図書館では『図書館の自由に関する宣言』並びに『児童憲章』を尊重し，「全ての資料を自由に」を原則とするが，以下の要件のある資料については取り扱いに留意し，特別に処理を定める。
　① 「人権，プライバシーの侵害に当たる」または「猥褻出版物」との判決が出た資料。
　② 『児童憲章』における「児童は良い環境の中で育てられなければならない」原則を侵害する資料。
第7条　処理基準
　第5条における審議で，第6条の要件に当てはまると判断されたものについては，以下のように処理を定める。
　① A指定－利用不可。
　② B指定－リクエストにより，条件付きで利用可。

③　C指定－リクエストにより，無条件に利用可。
④　指定除外－通常通り，配架
　　この際，資料の保管場所は，第一書庫とする。また，これに当てはまらない事由についてはその都度協議して処理を定める。
第8条　処理継続期間
　　決定した処理が継続する期間は，基本的に1年間とし，支障ある場合は最長で3年間延長する。1年を経過した資料は，資料検討委員会で再度検討する。
第9条　審議の記録
　　問題指摘から，処理決定まで，審議の内容はその都度克明に記録し，記録簿は資料係担当が管理する。
第10条　補則
　　この規則に定めのない事項，又はこの規則に疑義が生じた場合は，委員会で協議して定める。

佐賀市立図書館資料除籍・保存基準　1999年3月4日

　この基準は，佐賀市立図書館資料収集方針・資料選択基準とあわせて使う。
1. 資料除籍基準
(1)　更新資料
①破損・汚損のため修理・再製本が不可能で，利用に供することが適当でないと思われる資料は，除籍する。
②概ね3年以上利用がなく，保存価値のない資料は，除籍する。
③資料的・時事的及び実用的価値のなくなったものは，除籍する。
④記述の内容が間違えやすいもの，あるいは実際に不正確となった資料は，除籍する。
⑤同一・新版あるいは同一主題でより良い内容の資料に買い替えられたものは，除籍する。
(2)　移管資料
　　他の部・課や佐賀県公共図書館等の保存分担により，他へ移管した資料は，除籍する。

(3) 事故資料

　災害，その他の事故で亡失の届出があった資料は，除籍する。
(4) 所在不明資料

　引き続き3年以上所在不明の資料は，除籍する。
(5) 回収不能資料

　返却予定日から2年以上経過した回収不能の資料は，除籍する。

2. 資料保存基準

　郷土資料，佐賀県公共図書館等で保存分担している資料は保存する。

(1) 本館

　本館は保存機能をもつ図書館として，基本的資料はすべて保存し，分館・分室等の資料も同様に扱う。また，以下の様に保存する。

①郷土資料・行政資料等は，複数保存する。

②年鑑・白書等については，1タイトル1点を年次順に保存する。

　また，保存分担資料については，スペースの許す限り保存する。

③各分野における基本的資料や歴史的価値のある資料は，保存する。

④類書等がなく，資料的価値のあるものは，保存する。

⑤児童書については，団体貸出等を考慮し必要数保存する。

(2) 分館・分室・自動車図書館

　分館・分室は蔵書構成上必要な資料について，利用度も考慮して保存する。

　自動車図書館の資料は本館資料に準じて処理する。

3. 買い替え

　汚・破損等の理由で除籍されたもののうち，基本的資料または利用の多く見込まれるものは，買い替える。

4. 補修・製本

　今後も利用が見込まれ，簡易な補修で再利用できる資料は，補修・製本する。但し，費用・時間のかかりすぎるものは，買い替える。

5. 所蔵変更（保管転換）

　地域事情あるいは，蔵書構成上，他館（室）に移籍した方が利用の見込まれる資料は所蔵変更する。

付則　この基準は，平成11年4月1日から適用する。

全国市町村の行政資料収集（依頼文書　抄）

平成8年5月1日

各市町村企画担当課御中

図書館長

　　　各種行政資料のご送付について（お願い）
　佐賀市立図書館では，地域の情報センターとしての十分な機能が果たせるよう，様々な情報の収集を行っているところでありますが，この一環として，全国の自治体の皆様に，各自治体でお作りになっているパンフレット等をご提供頂きたくお願い申し上げます。
　ご提供頂きたい資料　貴市町村でお作りになっている，観光パンフ，市町村勢要覧，統計書，地図，施設案内，その他ジャンルは問いません。

【解説】　行政資料は2〜3年おきに収集し，整理と利用は，2階開架書庫の地方史に分類されるところに図書とパンフレット扱いと分けており，パンフレット類は館内利用としています。観光パンフレットは，1階旅行ガイドのそばのパンフレットボックスに各県別に整理し，借りたり返したりするのは自由で，新鮮な情報収集にも協力してもらいたい旨を掲示しました。
　なお，市行政資料および郷土資料の収集についても各課に依頼文書を出しましたが，あまり実効がないため，後に情報公開担当との相談のなかで，規程に入れてもらうようにし，図書館に自動的に入ってくるようになりました。これらは調べものコーナーで，パンフレットボックスなどを使いながら整理し，複本のないものは館内利用としています。

ボランティアの受入書

ボランティアの受入について

1996 年 7 月 26 日　佐賀市立図書館

(1) 基本的姿勢

　市民の図書館活動への参加を積極的に受け入れる。(運営方針より)

　「図書館の自由に関する宣言」「図書館員の倫理綱領」の理解を求め，あくまでも自主的なこと。

(2) 内容
1　運営に関する建設的アイデア，苦言，提言
2　PR の支援活動，新聞・案内等の編集
3　行事の企画及び実行への参加　お話の時間・図書館まつり等
4　図書館の美観の維持活動
5　資料・情報の整備
　　　配架　寄贈資料等整理　地域情報の収集・整理・資料編集
6　奉仕活動
　　　図書館案内　通訳　朗読奉仕
7　図書館を発展させるための自主的な研修活動
8　その他図書館として必要なこと。

【解説】　私が赴任した 3 月には，図書館の建物は大方できていて，その下旬には引き渡しを受け，4 月からは 4 か月後に迫った開館に向け大忙しの作業が待っていたのですが，市民の図書館を盛りたてていこうという熱意はすごいものがありました。それだけに，ボランティアとしてどう受け入れていくかの基準を定めることは焦眉の急でした。すでに，書架整理や開館まつりなど参加していただいているなかで，早急に考え方をまとめていく必要がありました。これまでの経験を踏まえ，徳島県の那賀川町立図書館や市川市立図書館のものを参考にしながら案をつくり，自称図書館ボランティアの S さんに意見を聞いたりしながら，開館直前，成文としてまとめました。

図書館友の会会則と利用者懇談会記録

図書館を友とする会・さが会則
1. 名称
    この会の名前は,「図書館友とする会・さが」とします。
2. 本のある広場として,佐賀市立図書館の限りない可能性を,みんなで育てることを目的とします。
3. 会員
    この会の目的に賛成の方は,どなたでも会員になることができます。この会は,美化,イベント,奉仕,広報(催し物,研修,講座),総務などの活動をします。
4. 活動
    この会の目的を達成するために,次のような活動をおこないます。
    1 図書館運営に関する建設的なアイデア・提言
    2 図書館の支援活動として,新聞・案内等の発行
    3 行事の企画及び実行への参加
    4 図書館の美化の維持活動
    5 資料・情報の収集・整理
    6 奉仕活動　図書館案内　通訳　朗読奉仕
    7 図書館を発展させるための自主的な研修活動
    8 他の図書館友の会等との連携
    9 その他「図書館を友とする会・さが」として必要なこと
5. 役員 (省略)

【解説】「図書館を友とする会・さが」は,佐賀市立図書館開館1か月あまり後の集会で発足しました。この会則は平成8年9月28日制定され,平成10年10月24日改訂されたものです。その前身ともいえる「佐賀の図書館を考える会」は,1980年10月に発足し,2001年11月,『佐賀市立図書館ができるまで－住民運動面より観た経過と総括－』という冊子を残して解散しました。

利用者懇談会記録より

　「図書館を友とする会・さが」は「図書館員と市民との意見交流会」を年1回程度開催しています。この交流会と，総会時に開催したものから，以下に抜粋します。

　　　　　　　　　　　　　利－利用者側　図－図書館側

○ 1997年2月6日　午後2時～4時30分
　図書館側5人（館長，係長2，職員2）　利用者側6人
　事務局側5人（「図書館を友とする会・さが」の会員でその記録による）

利：職員がいつも忙しそうで，気軽に質問できる雰囲気ではない。書架の間にも司書の姿が見かけられない。きめ細かいサービスのためにも職員を増やせないものでしょうか。

利：これだけの大図書館を運営していくには，職員の数の確保と質の向上が不可欠。市民がどう行政に働きかけるかにもよる。

図：開館当初の混雑も，最近は幾分緩和されてきました。混雑時は，貸出しカウンターも5か所で対応するように。レファレンスの窓口には，職員がいて対応する体制はあるのですが。職員数に対する望むべき職員数というものは満たしているはずです。利用者の皆さんの，知る権利，生涯学習のひとつとして調べてみてはいかがですか。職員数が満たされているからといってサービスができているとも限らない。また，増やせば良いという問題ではなく，質も問題ですね。

図：司書のフロアーワークは必要です。近々，一般書のフロアーチーフ，児童書専門のカウンターを設置します。

図（7月4日追加回答）：職員数が足りないという認識はあります。市の予算との関係もありますが，増員要求は続行中です。

利：貸出しカウンターで，子どもの借りる本も一緒に親のカードで借りようとしたらそれぞれのカードで借りるように言われた。貸出し冊数無制限が原則ならば，誰がどの本をどのカードで借りるかは自由ではないでしょうか。プライバシーにも関わることなので。

図：現場の職員への指示が行き届いてなかったようです。子どもさんもカードをお持ちなら使われたらいかがでしょうか，程度の意味

だったと思います。カードを忘れたときでも貸出しできますのでどんどん言って下さい。利用者のプライバシーについても，常に心がけたいものです。

利：車椅子利用の友人が，駐車場から館内に入るのにとても不便な思いをしている。特に雨の日には，どうしても濡れてしまう。どうにかならないでしょうか。

図：オープン時から認識していました。次期予算に含まれる可能性はありますし，駐車場からのコースの安全性も含めぜひ解決したい問題です。

図（7月4日追加回答）：誘導スロープは工事済です。身障者駐車場（1階西側）に，地下駐車場，エレベーター有，との表示を検討します。

利：図書館は，行きたくても交通手段を持たない人たちにとっては，遠い存在。バス路線を増やすなどできないでしょうか。

図：行政やバス会社も関わる問題。どう行動して要求するかが問われる。

図（7月4日追加回答）：高齢者の利用促進のためにも，無視できない問題だと考えています。市民に対するアンケートをふまえて対応を考えていきます。

図：図書館西側と外周道路をつなぐ橋があればとても便利なんですが。

図：利用者側，市民の声として行政に働きかけて下さい。図書館側からもアプローチしています。

利：大和町に住んでいるが，こちらの図書館の方が利用しやすい。郡部の図書館にも市立図書館との連携があればいいのだが。

図：佐賀郡，小城郡，多久市などで，広域圏ネットワークの構想が進行中です。

利：リクエストした場合の対応，結果について教えて下さい。

図：選定委員会を通して決定しています。リクエストのあったという事はかなりのポイントとなりますが，出版年の古いものなどはどうしても対応が遅くなります。（1，2ヶ月必要）貸出しできる状態になった時点で電話連絡しています。

利：他県での講座，催しなどの情報を，予告だけではなく過去の分も参考にできるようなファイリング展示をして欲しい。
図：設置場所，方法など，早速検討します。
利：文庫に対する資料費，団体貸出しの現状は？
図：市立図書館が窓口になっています。団体貸出しの期間についても弾力的に対応していきます。
利：ハンディキャップのある利用者に対して，貸出し期間を延長できないでしょうか。
図：点訳のための資料等，必要に応じたサービスを検討します。
利：学校図書館との連携は？
図：システムを一本化してネットする予定。人的連携も必要。
図：小学校5，6年～中学校1，2年向きの催し（学校図書館フェア）を計画中。
利：館内で，借りる本を持ち運ぶためのカートがあれば便利なのですが。
図：購入しました。活用してください。
利：ボランティアの部屋（小集会室）に最近鍵がかかっていて，活動しにくくなったのですが。
図：防犯上の理由からです。配架ボランティアの方には1階カウンターでエプロンをお渡しするようにしています。
利：コピー代20円は高いのでは？
図（7月4日回答）：調査して後日お答えします。

○2001年6月23日　午後2時30分～4時
　図書館側2人（館長，係長）　利用者側28人
　（年に1回程度の利用者懇談会だが，「図書館を友とする会・さが」の通信に要約して掲載されるようになった。）
図：この1年間では，図書館の利用案内を新しく，図書館協議会の委員を公募，職員向けに利用者応対基準を作成。などがありました。交流会ではどんどん意見を出して下さい。
利：コミック本は内容を選んで入れているのでしょうか。
図：大分のまんが図書館から一万五千冊の寄贈を受けた経緯があ

り，その後，積極的に集めているというわけではありません。内容については指摘があれば検討します。

利：子どもがまんがばかりを手にとり，親としては正直なところ不安に思うこともあります。図書館報などで，館長がまんがの選び方，読み方などを書いて下さらないでしょうか。

図：まんがにもいろいろなものがあります。まんがならダメなのか，では絵本ならなんでもいいのか，という問題にもなっていきます。人間の読書はとても個人的で難しい問題です。図書館は論評すべきではないと考えます。

利：年間資料費が1000万円ほど減額となりましたが，選書や収集に影響はありませんか？

図：2000万円の減額という案もあったのですが，1000万円減で少しホットしました。書架が一杯になれば購入の必要はないのでは，といった意見もあるのですが，図書館資料は更新が必要です。いままで通り，5000円以下ならリクエストにも応えています。資料費が必要だということを理解してもらうために，市民パワーにも期待しているんです。

利：図書館を利用していて税金を払って良かった，と実感できます。市民として10年後，20年後を考えて，予算獲得のために充分PRして欲しいですね。

図：1冊あたり1500円として，年間290万冊以上の貸出し，必要経費が5億円として，40億円程度を市民に還元していることになります。

利：利用者として，市民として，そのことをもっと発言していきましょう。

利：古本を貸出し用として購入できないのですか？

図：今は，郷土資料ぐらいです。一般書については，図書の装備，コンピュータ入力等の経費でかえって割高になります。

利：市内小中学校とのネットワークの状況は？

図：市内28小中学校を，平成10年度からコンピュータ管理を始め，現在20％をデータ化しています。今後全てをデータ化し，情報を一元化する計画です。相互貸借には，資料流通も課題となります。

又，総合学習に対応して，調べ学習用の資料1000万円程購入しました。小中学校の図書室も，専門職がはいって明るく変わり，意気込みが感じられます。学校図書館司書を指導する機会もあります。

利用者応対基準

佐賀市立図書館利用者応対基準　2001年1月11日

　「真理と愛情を基本に，市民のひとりひとりに血の通った図書館サービスをすすめます」を基本に，「高度な技術とそれを支えている人のぬくもり」が調和した運営に心がけます。
1. <u>身だしなみに気をつけましょう。</u>
　清潔にし，制服（青いエプロン）・名札（大きなひらがなの字）を着用します。鏡に挨拶してみましょう。
2. <u>相手をきちんと見て，挨拶しましょう。</u>
　時候・時間にあった挨拶で，ひとりひとりを明るく迎えましょう。巡回中などで捜し物をしている人を見かけたら，一声かけましょう。
3. <u>きびきびと，しかも，ていねいな態度で作業を進めましょう。</u>
　作業手順を合理的にし，それに習熟するように努めましょう。待たせるときは，時間・理由等を告げて納得いくようにしましょう。
4. <u>公平にプライバシーを守るようにしましょう。</u>
　私語など慎み，利用者のうわさなどしないように気をつけましょう。
5. <u>チームワークよく，道筋をつけるようにしましょう。</u>
　「ありません」「わかりません」は禁句，他の助けを借りましょう。助けを求められたら，快く応じましょう。<u>自分の力量を高める努力もしましょう。</u>

【解説】　以上の応対基準は，ワークルーム等に拡大して掲示し，毎朝のミーティングの終了時に当番がアンダーラインの部分を唱え，全員で「ありがとうございます」ということにしました。昼休み時など，事務室で一人で電話番をするときのマニュアルもあり，庶務担当者がやることが多いのですが，特に土曜や日曜の半数出勤時等には館長もやることが結

構あります。施設案内・利用案内の内容程度は頭に入れておきたいし，この応対基準も応用したいものです。

館長日誌

【解説】 1年後に辞める決心をして，次期館長に渡す日誌をB5判ノート40ページに記したもので，日誌に関連したものの袋がついています。始まりの2001年4月1日から最終の2002年3月30日の各月から紹介します。

2001年4月1日（日）
新採嘱託4人に研修資料を渡す。四県合同「有明海」写真展のビデオ撮影する。図書選択（毎週の見計らい本）をする。2000年度の貸出，296万7113点，9万5722点の3.3％増。調べものコーナーでインターネット，CD-ROMによる資料・情報検索訓練をする。
4月15日（日）
開館30分程返却カウンターへ，昨日の石井亮一さん関連の調査手配，延滞督促された人が登録した覚えがないとのこと。図書館カード申し込みの際，中学生以上の住所確認等に踏み切らざるを得ないか（残念ながら）？ 13～14時 庶務のTさん休みのため事務室で留守番する。14～16時 「有明海を考える座談会」でビデオ撮影，写真家U夫妻来訪少しお相手する。
5月29日（火）
開館前1時間と開館後20分位返却カウンターへ。Tさん（針すなお氏実弟）来訪。11時半～13時半 佐賀大学で司書教諭講習打合せ。14時15分～16時15分 九州沖縄昔話交流会の運営委員会出席。
5月31日（木）
9～10時 ISO14001研修。10～11時 除籍・リサイクル研修。11～13時 係長会。14時～15時 本の選書。15～16時 法務局より係長，事情聞きに見える（N氏）。
6月19日（火）
コピーに関する市会議員の質問書への回答作成。巡査長より10日

前の件であり，前回同様，図書館には出入りどめということでいってあるとのこと。R中N先生19時過ぎ来館された。

6月28日(木)
13年度要覧の館長あいさつ作成。収入役，明日の準備のため来館，少し話し合う，11時〜12時10分　選書の研修，担当2人講師。13時40分〜13時55分　校長会でお願いとハイビジョン卒業アルバムK小とJ中の上映。「人間の翼」ビデオで実行委員会に電話，図書館での上映について許可を得たとのこと。18時頃まで係長会。

7月5日(木)
10〜12時　沖縄，西原町教育委員会4人，視察対応。13時〜14時半　係長会。14時半〜16時半　農業委員会で講演。18〜20時　農業委員会懇親会「さなぼり会」出席。久米助役に辞意，後任等で話し合う。

7月8日(日)〜18日(水)
図書館問題研究会大会と図書館見学旅行。

8月7日(火)
図書館まつり行事「館長による図書館案内」。9時半〜10時半　城西中11人の飛び入り参加で総勢21人。痴漢，中学生の通報で警察に引き渡し。午後の「館長による図書館案内」は総勢17人。16時〜17時　実習生5人の研修。17時から30分ほど書架配置へのクレームに対応（大きさ別，出版社別など考えたらどうかの趣旨）。

8月17日(金)
佐賀市立図書館条例・規則の運用について，改正案づくり。

9月5日(水)
臨時係長会，前半は条例・規則等の一部改正と懸案事項について協議，後半は嘱託の取扱い，NPO等について報告等があった。17時過ぎKさん来訪，館内案内する。

9月13日(木)
10時50分〜12時　大和町実習生2人に説明。12〜13時　窓口と選書。14〜15時　佐賀新聞社より取材。パンダ修理されていた（副館長と庶務係長で），良かった。17時過ぎ　多久市の図書館づくりの市民の方と話しする。

10月11日（木）
9～10時　中国連雲港市（佐賀市の友好都市）より5人視察説明する。最後にハイビジョンでパンダを見せ，パンダのぬいぐるみのところで記念撮影する。午前中　Wライオンズクラブ5人打合せに見える。
10月31日（水）
早朝　バルーン，スタートセレモニー等へ参加。選定，演芸AV選定資料作成，浪曲選定。教師1ヵ月実習最終日につき，まとめ。
11月13日（火）
館長室内資料整理。友人来訪，館内案内。所蔵調査の手紙があり，県立図書館に所蔵している旨，電話で回答。16時半～17時半　係長会。
11月22日（木）
11時過ぎ　N幼稚園児など30名位，勤労感謝の日にちなんでメッセージ集などを持ってきてくれた。お礼に「すてきな三人組」の大型絵本を読んだ。F展のビデオ撮影する。
12月20日（木）
係長会，来年度予算5％減ということで資料費も9500万円とのこと，まあ致し方ないか。開館5年経過したこともあり登録申し込みされて使用されていないものを処分することに決定。また故Y氏寄贈の未整理分の最終選定し処分することに決定。その過程で西江靖資料発見。
12月18日（火）～12月25日（火）
Y氏より頂いた資料の最終チェックを行った。西江靖（霊弦）さん達の資料一式ひとまとめに発見，佐賀市立図書館蔵書とする方が良かろうとの判断で保管する。他にも貴重な資料もあり，保管，提供について研究の必要あり。なお，日記，手紙等についての整理法についての研究も必要である。とりあえず，「日本目録規則」1987年版改訂版を参照したらよいのではと思う。西江さん関係ひとまとめにする。
2002年1月17日（木）
係長会。14～17時　集会・展示施設等を広くオープンにして利用

してもらうことを具体化してもらうこと，展示等の準備・後片付け等は原則として開館時間内にしていくことを要望。
1月22日（火）
「佐賀市立図書館集会施設利用案内」（案）作成，2月1日決定。西江靖さんの記事，本日の西日本新聞に出る。
2月14日（木）
13時30分～16時　佐賀県公共図書館協議会（図書館館長会），17県・市・町・村の図書館出席，議題盛りだくさん，横断検索については積極的に検討していくことになる。レファレンス，児童の部会（研修会）については，立上げることに決定。第1回を児童については三日月図書館が担当，レファレンスについては伊万里市民図書館が担当して新年度より進めていくこととなった。国立国会図書館から今秋見学したい旨のFAXが届いた。
2月28日（木）
午前9時より1時間程　佐賀市立図書館消防避難訓練を行う。消防署より7台ほどの消防車・ハシゴ車・救急車など来て通報，避難そして消火器を使っての訓練を行う。9時開始で，職員の報告9時4分，消防車の到着9時5分，ハシゴ車が屋上往復2分。午前11～12時　古書店主Kさんに「図書館と古本屋」の題で職員研修をやってもらう。
3月26日（火）
12時頃　新館長に部屋の鍵（アパート）1個渡す。12時半頃K庶務係長にアパートの鍵1個渡す。14時～15時半　教育委員会であいさつ，市長等三役あいさつ（収入役不在）。教育委員会では教育委員及び教育委員会課長以上に小冊子『本のある広場』と館報52号（3月号）を配付，あいさつ。市長には館報42～52号と小冊子『本のある広場』『月刊社会教育』に書いた「佐賀市立図書館の5年」のコピーを渡し人の積み重ねの大切さを話した。
3月30日（土）
今日が最後の勤務，しかも残り番。出勤前，6年余お世話になった大家さんに挨拶する。14～16時過ぎ，多目的ホールで講演。その後ビデオにし64本目の資料となる。1年間なんとか日誌を続けら

れました。

図書館照合表Ⅲ　2003.12.21

　Ⅰで10点，Ⅱまで40点，Ⅲでは50点満点
　○－2点　△－1点　×－0点
Ⅰ　概観
　1．図書館員が，あいさつしますか？
　2．自分の利用したい資料が，ありますか？
　3．自分の居場所が，ありますか？
　4．図書館からの呼びかけが，ありますか？
　5．地域性が，出されていますか？
Ⅱ　詳細
　6．図書館の場所や利用時間は，わかるようになっていますか？
　7．図書館の利用案内や案内図は，わかるようになっていますか？
　8．図書館利用に障害ある人へのPRは，されていますか？
　9．本（資料）の場所がわかる配置図や掲示は，ありますか？
　10．資料を調べたりするパソコンやコピー機の使い方は，わかりやすいですか？
　11．予約制度があること，相互貸借についても，PRされていますか？
　12．レファレンスの案内表示は，出されていますか？
　13．相談などしやすい雰囲気ですか，職員に尋ねやすいですか？
　14．学習の場やくつろげる場は，ありますか？
　15．集会の場やおしゃべりする場は，ありますか？
　16．資料の収集方針・選択基準が，公表されていますか？
　17．住民の資料要求は，反映できるようになっていますか？
　18．利用者懇談会は，開かれていますか，利用者の意見をいう場は，ありますか？
　19．ボランティア活動について，説明があり，自主性が尊重されていますか？

20. 図書館サービスの状況について，住民に公表されていますか？

Ⅲ　全体
21. 外国人向けの利用案内や利用申込書は，ありますか？
22. 飲食できる場は，ありますか？
23. 広報やインターネットでの情報発信や情報公開が，されていますか？
24. 図書館協議会は，設置されていますか？
25. 図書館サービスの数値目標の設定と達成についての計画は，されていますか？

(『図書館評論』45号，図書館問題研究会編集・発行，2004　から抜粋)

著者あとがき

　この本を書く直接のきっかけは，私が2002年に図書館長を退任したさいの「佐賀市立図書館長引継ぎ目録」を本にまとめよう，ということでしたが，そもそもの発端はもっと昔に遡ります。

　日本図書館協会が1960〜70年代に刊行したシリーズ企画「図書館の仕事シリーズ」の一冊『図書館の管理』を引き継ぐ企画として，『図書館の運営』がありました。この本に，私は原稿を書いたのですが，共同執筆者の原稿がそろわずに企画は流れてしまいました。その後，私は1992年に『本のある広場－ある下町の図書館長の記録』（教育史料出版会）を出しました。これは墨田区立図書館での私の実践をまとめたもので，東京の図書館の四半世紀を語るものでもありました。また，佐賀市立図書館長のときには，図書館づくり運動にかかわる住民の質問に答える形で「図書館長の仕事」をまとめるという企画もありましたが，これもお流れとなり，今回は3度目の正直ということになります。ようやく出版に漕ぎつけ，ほっとしています。

　佐賀市立図書館長を辞任した後，「図書館長の引継ぎノート」みたいなものなら書こうということで始めましたが，出版委員会の意向で，「JLA図書館実践シリーズ」に加えてくださることとなり，いろいろ書き改めているうちにもう駄目かなというときもありました。しかし，出版委員会委員の松島さんや事務局など関係者の努力によって完成することができたと思います。第Ⅱ部の館長への質問を考えていただいた方たちにもお礼を申し上げます。本書が期待に応えられているかが気がかりですが，図書館にかかわるすべての人

たちの参考になればと思います。

　図書館員を辞めて 6 年以上になります。この間，図書館事業の点検のための「図書館照合表」を作ったりしました。これは第Ⅲ部の資料編に追加収録しています。

　図書館を離れると，図書館のことがわからなくなってくるものです。しかし，「図書館は市民とともに育つ」という考えはもち続けています。

　この頃は読書していて図書館の記述に出会うと書き抜いたりしています。これからも，ともに図書館を育てていきたいと思っています。

2008 年 6 月

　　　　　　　　　　　　　　　　　　　　　　　　ちば　おさむ

事項索引

＊本文中の事項を五十音順に配列しました。
＊参照は「→」（を見よ）で表示しました。

【あ行】

インフォメーション・センター……………97
裏田武夫………………………………55
運営方針……15,19,20,22,23,31,67,86,
　89,105,144,145,154
NPO 法人………………………………3,78

【か行】

カウンター…………11-13,29,30,129,156
学習権…………6,7,8,14,43,49,55,145
記憶装置………………………5,8,87,130
危機管理……………………………111,113
寄贈資料…………………………………10,154
教育委員会事務専決規則………28,82
教育基本法……………………………14,130
行政資料…………………………………153
郷土資料……………………………10,11,159
クルー法……………………………82,104
研修………30,34,37-39,77,128,129,140,
　154,155,161,162,164
公立図書館の設置及び運営上の
　望ましい基準……………………14,16
国際標準化機構………………………16

国立国会図書館法……………14,22,125

【さ行】

佐賀の図書館を考える会……71,72,155
指定管理者制度……………74,130-132
児童憲章………………………………106,150
姉妹図書館……………………68,70,148,149
清水正三……………………………………90
集会機能…………………………7,47-49,54
集会施設……iii,56,67,81,82,145,146-
　148,164
集会室………22,47-49,53,54,56,62,67,
　73,75,119,136,146,148
収集方針……10,19,20,89,102,151,165
集団的専門性………………………30,31
住民参加……………………17-19,77,118-120
障害者サービス……………………2,38,127
職員集団………………………27,29,31,36,37
資料検討委員会……………105,106,149-151
資料・情報利用機能………………7,55
人員確保…………………………………34,35
杉捷夫………………………………………53
セーガン, カール………………6,7,55,87

相互貸借 …………………5,100,159,165

【た行】

団体貸出 ………………100,101,114,115
地域資料 →郷土資料
地域の情報センター …………6,97,100
痴漢対策……………………………… 109
地方債 ……………………………… 73
「通館路」………………………………2
督促状 …………………………… 108.109
特定非営利活動法人 → NPO 法人
図書館案内 ……2,20,81,82,93,155,162
図書館員の倫理綱領 ………6,11,14,28,
　34,35,72,86,145,154
図書館を友とする会・さが………74,82,
　95,108,121,131,144,155,156,158
図書館学の5法則 ………………67,87
図書館規則 ……114,116,117,136,137,
　162
図書館協議会… 18,21,24,27,40,41,81,
　82,89,108,121,131,139,144,158,166
図書館見学 ………17,18,39,92-96,162
図書館建設計画 ……………………… 17
図書館設置条例 …… 14,15,65,82,86,
　89,114,117,136,137,162
図書館組織網 ……5,6,11,23,36,69,102,
　103,145
図書館友の会 …… 3,17,18,41,44,67,77,
　92,94,127,155
図書館の権利宣言 …………………… 55
図書館の三要素 ……15,24,25,33,44,65,
　130
図書館の自由に関する宣言………6,14,
　19,47,54,67,72,86,105,106,128,145,
　150,154
図書館パフォーマンス指標 ………… 16
図書館評価 ……………………… 15-17
図書館法 ……4,5,6,7,14,22,31,35,40,
　46,49,72,85,86,97,100,115,116,125,
　129,130,145
図書館報 ………20,25,85-91,94,105,159
図書館まつり……………………121-123
図書館利用の手引き ……………33,80

【な行】

西崎恵 ………………………7,47,85,97
日本国憲法 …………………14,125,130

【は行】

PR ……………………………………80-82
フリースペース……………………47,77
文庫………3,4,22,28,38,54,55,66,67,93,
　101,114-117,120,121,127,136,137,
　138,139,158
ボランティア …… 49,67,72,73,82,89,94,
　95,101,125-129,144,154,158,165
「本のある広場」………… iii,4,46,51,52,
　54,55,56,64,69,75,97,155
『本のある広場』（館報）………50,71,85,
　87,94,105,164

【ま行】

マンフォード, ルイス ………………… 5,6
無料の原則 ………… 8,22,43,47,56,115,
　130,145,147
迷惑利用者 ……………………………… 107

【や行】

ユネスコ学習権宣言 ……… 6,8,14,49,86,
　125,145
ユネスコ公共図書館宣言 …… 5,8,14,35,
　36,72,86,145

－1972 …………………………… 46,48
－1994 ……………………… 4,88,97,130
予算 …… 23-26,39,44,59,60,64,82,159,
　163

【ら行】

ランガナタン ……………………………67,87
利用者応対基準 ……………………… 160
利用者懇談会 ……… 21,23,27,40,41,44,
　62,81,108,131,155,156,158,165

●著者紹介

千葉　治（ちば　おさむ）

1936 年　佐賀市城内に生まれる
1961 年　早稲田大学において司書資格取得
1962 年　東京都墨田区立あずま図書館準備要員となる
1879 年　墨田区立八広図書館，立花図書館の準備にかかわる
1980 年　墨田区立八広図書館長　1996 年退職
1996 年　佐賀市立図書館長　2002 年退職
2003 年　専修大学非常勤講師　2007 年退職
2004 年　獨協大学非常勤講師　現在に至る
著書　『本のある広場−ある下町の図書館長の記録』教育史料出版会刊（1992 年），『図書館の集会・文化活動』（共著）日本図書館協会刊（1993 年），『本のある広場』縮刷版　佐賀市立図書館館報同編集委員会刊（2002 年）

> 視覚障害者その他活字のままではこの本を利用できない人のために，日本図書館協会及び著者に届け出る事を条件に音声訳（録音図書）及び拡大写本，電子図書（パソコンなど利用して読む図書）の製作を認めます。但し，営利を目的とする場合は除きます。

EYE LOVE EYE

◆JLA 図書館実践シリーズ　10

図書館長の仕事
「本のある広場」をつくった図書館長の実践記

2008 年 8 月 20 日　　初版第 1 刷発行 ©

定価：本体 1900 円（税別）

著　者：ちばおさむ
発行者：社団法人　日本図書館協会
　　　　〒104-0033　東京都中央区新川1-11-14
　　　　Tel 03-3523-0811㈹　Fax 03-3523-0841
デザイン：笠井亞子
印刷所：アベイズム㈱　　Printed in Japan
JLA200817　　ISBN978-4-8204-0808-6
本文の用紙は中性紙を使用しています。

JLA 図書館実践シリーズ 刊行にあたって

　日本図書館協会出版委員会が「図書館員選書」を企画して20年あまりが経過した。図書館学研究の入門と図書館現場での実践の手引きとして，図書館関係者の座右の書を目指して刊行されてきた。

　しかし，新世紀を迎え数年を経た現在，本格的な情報化社会の到来をはじめとして，大きく社会が変化するとともに，図書館に求められるサービスも新たな展開を必要としている。市民の求める新たな要求に対応していくために，従来の枠に納まらない新たな理論構築と，先進的な図書館の実践成果を踏まえた，利用者と図書館員のための出版物が待たれている。

　そこで，新シリーズとして，「JLA図書館実践シリーズ」をスタートさせることとなった。図書館の発展と変化する時代に即応しつつ，図書館をより一層市民のものとしていくためのシリーズ企画であり，図書館にかかわり意欲的に研究，実践を積み重ねている人々の力が出版事業に生かされることを望みたい。

　また，新世紀の図書館学への導入の書として，一般利用者の図書館利用に資する書として，図書館員の仕事の創意や疑問に答えうる書として，図書館にかかわる内外の人々に支持されていくことを切望するものである。

2004 年 7 月 20 日
日本図書館協会出版委員会
委員長　松島　茂